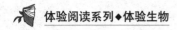

体验阅读系列◆体验生物

向生命鞠躬

◎总 主 编：张忠义
◎本书主编：鲁澄南

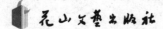

花山文艺出版社

图书在版编目(CIP)数据

向生命鞠躬:体验生物/鲁澄南主编. – 石家庄:花山文艺出版社, 2005.4(2021.5 重印)

("读·品·悟"体验阅读系列/张忠义主编)

ISBN 978-7-80673-573-2

Ⅰ.①向... Ⅱ.①鲁... Ⅲ.①语文课—课外读物 Ⅳ.①G634.303

中国版本图书馆 CIP 数据核字(2005)第 008118 号

丛 书 名:体验阅读系列
总 主 编:张忠义
书 名:向生命鞠躬(体验生物)
主 编:鲁澄南

策 划:张采鑫
责任编辑:于怀新
特约编辑:李文生
责任校对:李 鸥
全案设计:北京九洲鼎图书有限公司
出版发行:花山文艺出版社(邮政编码:050061)
　　　　　(河北省石家庄市友谊北大街 330 号)
销售热线:0311-88643221
传 真:0311-88643234
印 刷:永清县晔盛亚胶印有限公司
经 销:新华书店
开 本:710×1000 1/16
印 张:10
字 数:180 千字
版 次:2005 年 4 月第 1 版
　　　　2021 年 5 月第 4 次印刷
书 号:ISBN 978-7-80673-573-2
定 价:35.00 元

目 录

人类的道德师

爱 之 物 语

与动物亲密接触

人类的忏悔

每片叶子都不一样

闲 读 梧 桐

　　人类碍于面子，绝不会提出"以动物为师"的口号，但在恪守"道德"方面，动物确实堪称人师。

人类的道德师

　　少年扑过去,握起拳头堵住它额头上的血窟窿。血涌如喷泉,怎么也堵不住,把他也染成了血人。父亲拉开少年说:"既然它有这个意思,让它走吧。"

　　少年再次扑向牛, 放声大哭:"我不让你走。"

　　牛怕冷似的一个战栗,突然张开灯盏大的眼睛,看了少年一会儿,然后合上了眼帘。

——选自《少年与牛》

一只羱羊

◆[前苏联]李亚什科

宁肯死,也不愿被拴着!

我小时候,家住在村头上,在一片果园的外面。我很喜欢睡在房顶上:似乎在房顶上夜里野兽就逮不到我,在这里什么都可以听得见,可以看得很远。

左边是一片光秃秃的荒沙地,就像一根细长的楔子,从岩石那边向我家的篱笆直插过来;右边和后面都是果园;正面是一条很深的山沟,山沟过去,便是层层叠叠直指天空的高山。山沟里奔流着一道溪水。溪水来到我家对面,撞在一块岩石上,撞得水花四溅,接着便从两边奔了出来,欢畅地流进荒地,它在高处就望到了,好像这里有什么东西在等着它,它流得轰轰响,就是因为急着要来。

我常常在溪水的奔流声中睡去,在溪水的奔流声与晨光中醒来。可是,有一天,妈妈到村子里去了,天还不亮流水声就把我唤醒了。

屋子里、院子里和果园里都静悄悄的。曙光刚刚爬上荒地远处的边缘,然后又像流水一样,顺着沙地,渐渐朝我家的篱笆漫过来。

高山之上,星星在闪烁,并且像沙地里的水滴一样,一个一个地在天空沉没。天色一分钟比一分钟亮。我不明白是什么东西把我弄醒的。山沟那边,山嘴子上,忽然有什么东西闪了一下。我踮起脚一看,原来是一只老大的豹子。

我判断,豹子是到我们旁边的山与邻山之间的那条峡谷里去过的,常常有羊群在那里过夜,但是这一次它扑了个空,于是赶紧朝山沟里来,因为每天夜尽时候常常有羱羊、野山羊、黄羊在这里喝水。喝水的地方在房顶上可以望得见。

豹子好像在空中飞行,它那斑斓的侧影在树棵子中间飞速地闪过。它时不时地仰起头来,吸吸气。不知闻到了什么气味,它来劲儿了,又朝下跑,离溪水越来越近。突然,像有一只无形的大手将它按住似的,它伏到了地上。

我伸长脖子一望,我的心咚咚跳了起来:在离豹子不多远的山崖边,站着一只羱羊,它的眼睛正透过丛丛树棵子的梢头,望着荒地上渐渐弥漫开来的曙光。

豹子大概只是看到羱羊那一对螺旋形的圆圆的大角,就停住不动了。我明白豹子的用心:羱羊强壮有力,腿跑得又快,角比石头还硬——因此需要等一等。等羱羊下去喝上一肚子水,身子笨重了,那时就容易追上,容易对付了。

我恨死了豹子的狡诈,令我吃惊的是,羱羊竟没有看见,也没有听出危险的来

3

临。看样子，黎明前的风不是从豹子跑来的那个方向吹来的。过了一会儿，羚羊离开原来的地方，缓缓向溪边走去。我甚至觉得，它一面走，一面好像还在欣赏溪畔快要开败的野罂粟花呢。豹子放低身子，跟在后面走着，它那尾巴像蛇一样，弯弯扭扭地将爪印扫掉。

羚羊绕过山崖，一会儿，豹子就出现在刚才羚羊站的地方，它伸长了脖子，趴在石头上。我看到，羚羊已走到饮水的地方。它没有马上就喝水，而是抬起头，望着溪水发呆。它并没有听出敌人的临近，而是在闻香气……黎明时候我们这条山溪里的水真是怪迷人的，周围到处散发着溪水的清新气息。过了一阵子，羚羊才低下头喝水。我十分着急，于是喊了起来：

"别喝了！有豹子！"

但是，溪水哗啦哗啦地流着，我的喊声算得了什么呢？羚羊没有听见。

"你真呆，真是瞎子！"我着急地说。

羚羊喝饱了水，挺起身来，看样子，它感到非常满意，非常愉快：山上奔流下来的泉水那甜丝丝的凉气，正在它滚热的身上扩散开来。这么多的水，就在一旁滚滚奔流着，羚羊可以喝了又喝。它该是多么幸福，多么愉快啊！它嘴边的绒毛上不住地滴下被它暖热了的水滴；溪水接住水滴，急急地向荒地流去。

我和豹子都在望着羚羊。我又生气，又懊恼，焦急地倒换着两只脚。豹子拱起背，藏在一块儿大石头后面瞅着。曙光这时已变成朝霞。

啊，我多么希望羚羊跨过溪水，跑进荒地，那样，它就可以跑掉了！可是，豹子却希望羚羊回头朝山脚走。愚蠢的羚羊正是照豹子所希望的做了：它转过身，离开溪水，斜对着豹子正等候着它的地方，向上走去。

豹子还没有行动，但是，也许是风向变了，也许是豹子的尾巴扬得太高，碰动了树枝。羚羊向旁边一闪，变高了，一下子乖觉起来，眨眼工夫做了一个小时候妈妈教它的动作：将身子贴到山崖的角上，这样，它那淡褐色的脊背、土黄色的颈子和黑糊糊的角就跟石头颜色很难分了。

我看到这情形，十分高兴。我蹦了起来，得意地伸伸舌头，好像豹子能看到我似的："好哇，看你怎么逮！"羚羊仿佛不见了。但是，我一会儿就明白了，豹子还是知道羚羊藏在哪里，于是我使劲地喊："快跑啊！快跑啊！"

这一次，它们两个都听到了我的喊声。豹子腾地跳了起来；羚羊也跃过一块石头，用胸膛和两只角拨开小树棵子，向山上奔去。豹子一下子窜到前面，截断它的去路。羚羊一面跑，一面叫，好像向谁求救似的，又回头向饮水的地方奔去。尘土从它脚下团团飞起。它跨过溪水，正要朝荒地上跑，这时豹子也过了溪水，跨到了前头，于是把羚羊逼到了饮水的地方旁边的山崖跟前。羚羊慌乱地转悠了一会儿，便朝着村子，朝着我家跑来。

4

我怕我会把它吓住,便咽回了已经要冲出喉咙眼儿的叫声。我十分高兴地看到,羚羊跑得非常有劲儿,它面前的一切都闪开了路,但是豹子越赶越近,越赶越近了。我踮起脚,咬紧嘴唇,好像豹子的利爪就要落到羚羊的背上。我闭上眼睛,觉得这样轻快些,好像是我自己挣脱了豹子的利爪……

羚羊跑着跑着,猛地一跳,越过了我家的篱笆,倒在院子里。我高喊几声,扬了扬两手,吓唬豹子。豹子转身向后跑,进了山沟。我从房顶上下来,叫醒了爸爸:

"有一只羚羊到咱们家来了!羚羊是跑到咱们家躲豹子的!"我们便一齐来到院子里。

院子里一棵桑树顶上已经洒满了霞光,树叶频频摇动着,好像给我急促的话语点头作证似的。羚羊躺在桑树旁,一动不动,鲜血从它的一双前蹄上向外渗,凝结成滴,在越来越浓的晨光中闪闪发光。

我跟爸爸走到羚羊跟前。我喘着粗气,小声讲完了我在房上看到的情形。爸爸一声不响地从穿堂里舀来一瓢水,浇到羚羊的角上和脖子上。羚羊苏醒了,抬起头,望了望我们。它的一双眼睛就像蒙着一层烟雾的两个月亮。它好像在用眼睛问我们,这是怎么一回事儿。等眼里的烟雾一消失,它猛地向上一冲。爸爸一只手按住它一只湿漉漉的角,另一只手抚摸着它的额头。

"躺着,躺着,别害怕,我们可不是豹子!"

爸爸的语调是和蔼可亲的,可是羚羊信不过他,拼命地晃头,挣脱了爸爸的手。

"孩子,拿根绳子来,"爸爸说,"要是由着它胡来,它会自找倒霉的。"

爸爸用绳子的一头拴住羚羊的两只角,将另一头拴到桑树上。

"就这样好了。弄点儿水给它喝!"

我拿出一个很大的葫芦瓢,从桶里舀了一瓢水。太阳这时已经穿过篱笆射进我家的院子,瓢里的水变成了红色。羚羊望着瓢里的水,好像感到困惑,也许它想起了溪边饮水的地方,却不明白,为什么这水不向前流动。

它的嘴巴终于挨到了水,瓢里的水越来越少了。

"想喝水,你就能活下来,"爸爸亲热地说,"再给它喝一点儿,还要给它弄一点儿吃的。吃饱喝足就有精神了。"

爸爸用手擦去羚羊蹄子上的泥巴,往出血的地方抹上厚厚的一层油脂。

"好啦,就会好的,你就歇会儿吧,我们该到园子里去了。"

我又舀来满满一瓢水给羚羊喝了,然后,我们频频回头朝桑树这边望着,带着水桶和锄头到园子里去了。我一面帮爸爸干活儿,一面在谈羚羊,我问爸爸:

"羚羊会在咱们家住下来吗?咱们不放它走吧?"

爸爸好像没有听到似的,但我一定要他回答,他于是沉思着说:

"不会的,它不愿呆在咱们这儿。它会烦闷的。这猁羊正年轻……皮毛很不错,可惜呀,可是得放走。它很勇敢,是跑来逃生的,像这样的,不能不放。"

　　"以后它会常到咱们家来吗?"

　　"你要是它,来不来?"爸爸差不多是声色俱厉地问我。

　　"我来。"我回答说。

　　"不会的,孩子,不会来的,它喜欢自由。"

　　爸爸的话我不理解。我相信,黎明时候,猁羊在小溪里喝饱了水,会到我家来的。我们现在是朋友了嘛。我在想像着:猁羊来到篱笆跟前,叫上几声,报告它的到来;我在房顶上看到它,便跑去给它开门。

　　太阳已经升到当头,我们的活儿干完了。我们走进山沟,在小溪里洗去汗水和尘土,又捧起溪水喝了一阵儿。

　　爸爸挑了两桶水,我们便走出山沟。我真想快一点儿回去看看,猁羊是不是好些了。我要给它端去满满一瓢新鲜的溪水。我迫不及待地走进院子,不禁叫了起来。

　　猁羊好像是要跳过篱笆,它挺直了身子,扯紧绳子,两只角缠在树枝里,就这样不动了。我在等着它跳,一下子没有理解到:当我们在园子里干活儿的时候,它曾经不要命地挣扎,想把绳子挣断、磨断,又恼又恨,气愤而死了。

　　爸爸拍拍我的肩膀:

　　"看到没有?它不相信咱们啊!"

　　我们慢慢走到猁羊跟前。爸爸用手抚摸着它的脊背,亲了亲它的额头,还像对活的猁羊那样的说:

　　"你自有主张:你觉得,宁肯死,也不愿被拴着!"

　　不自由,毋宁死。这便是这只猁羊的原则,也是这篇小说给我们的启示。全文的叙述文字如行云流水,自然畅达,清新朴素。动词的运用准确、传神、生动贴切。

　　1.从整篇小说来看,这只猁羊无疑具有人格象征的审美意味。你能领悟到它的审美内涵吗?

　　2.假如那只猁羊没死,以后它会常到那个院子里去吗?如果要你写这篇小说,你会给它一个什么样的结局?

猎 豹 夕 阳

◆梓 臻

> 它的心境永远比我的要壮美，因为它付出了
> 它的生命。

　　我第一次见到它，是在风雪的夜里。我不会抱怨这种天气，因为我是个优秀的登山探险者，我必须在这种天气下工作。我的帐篷扎在海拔 3000 多米处雪峰的腰上。冷极了。它从帐篷外面进来，一对冷傲的眼藐视着我。我惊呆了：它是一只多么优秀的猎豹！棱角分明的头颅、光洁柔软的皮毛、强壮发达的肌肉、稍稍卷曲的鞭尾，这些使它浑身上下透出一股逼人的精气和孤傲。天啊，在它身上也许集中了猎豹家族所有的优点！可，它是怎么到这儿来的？又是什么原因使它到这儿来呢？这个原因竟能使它暂时抛开对异类的藐视而同我呆在一个帐篷里！我由衷地对它产生了敬畏，也很想知道关于它的一切。我拨了拨火盆，炭火很旺地燃烧着。我想它不会伤害我，因为它不屑；更使我惊异的是，这只猎豹连怕火这种动物共有的本能都抛弃了。它一眼也不看我，卧下来凝视着火盆，一动不动，像一尊冰塑。但，这是一只猎豹！我偷偷打量它，它的眼里忽然有了些暖意，好像在笑，不知道它在想着什么。我知道我是无法理解它的，也许连它的同类也不会理解它。何况，想在这个地方生存下去是不可能的，可怜的猎豹，它到底要干什么？

　　次日醒来，发现猎豹正用冷森森的眼光看着我。见我醒了，它一转身出了帐篷。我追到帐篷口，掀起了帐帘。雪地里，它以猎豹家族最优美的姿势向上跳跃攀爬。通常，猎豹是以这种姿势捕猎的。我见过那情景：几十只猎物飞逃而去，卷起滚滚尘烟。猎豹弓起腰，撑开四腿，闪电般刺入尘烟中，从猎物群中从容选定它胜利的祭品……它从不打伏击：不，它不会干那种卑劣的事。现在，那只猎豹就是以这种捕猎的姿势向上奔着。我回身时，发现火盆上放着一只已烤熟了的山鸡。一定是它弄的。为这只山鸡，它一定很早就出去，跑了很远的路，而且打到后撕掉猎物的毛，剖开它的腹，为我准备了早点。我不敢想像它是怎么不停地在火盆上翻转山鸡的，作为一只动物，它竟不肯欠人的一丝恩惠，而且居然有这样的胆量和灵性！

　　我收拾好了行囊，也开始向上爬。我抛开了原先设想的登山路线。我不必担心前方会有什么不测，因为只要顺着猎豹的足迹走就不会有危险——不知为什么我会这么信赖一只次于人的动物，但我是这样地坚决！我一定要在天黑之前登上山

顶，否则我会被冻死。因为向上的坡度越来越大，我根本无法把帐篷背上去，上面也不会有让我扎帐篷的地方，更要命的是，山顶的夜风有足够的力量把我在十几秒钟内冻僵，登山服根本挡不住寒气。我一边爬着一边还得检查我的登山服的纽扣、带子、拉链。到了中午，峭壁已经陡得使我看不见山顶了。这时候，我第二次看到了那只猎豹。

它剧烈地喘息着，紧张地盯着我，足有 10 秒钟，然后掉头上了另一条路。我不知道上面发生了什么事让它折回来看我，但我知道必须跟着它，因为它长久地在自然中搏杀，感觉比人要灵敏得多。它一定察觉了什么危险而来阻止我——一定的！我必须快些，不然风越来越大，时间久了，雪会掩住猎豹的足迹，这会使我迷路，而且探险计划会搁浅。

我大概上了山的另一边。这个鬼地方，正在风口上，雪几乎糊住了我的登山帽，我需要不断地清理它才行，风雪不断拍打在我身上，冰冷和孤独几乎窒息了我，但我无暇去想了，我必须快！我看着它的背影，目送它再次远去。因为陡的缘故，它已经不能跳跃奔跑，它把爪甲深深地抠进雪中或是岩缝里，身子紧紧贴着峭壁，向上滑进，像一只爬墙的壁虎那样灵捷和谨慎。我浑身忽然异样地充满了一股激情，这激情使我在一瞬间忘记了一切，我知道这是被猎豹所吸引着的缘故！

不久，我突然感到峭壁猛地震动了一下，凭经验，我知道另一边发生了雪崩。在这么高的地方，居然发生了雪崩！一般说，这里常年的厚雪早被风凝住了，又没有意外冲击，根本不可能雪崩的。上帝，要不是那只猎豹，我一定死了，伴着永远的雪峰，而且真与天地同在了，直到地球毁灭的那一天！

临近黄昏的时候，我终于到达了山顶。我第三次看到了猎豹。它迎着轰响如雷的厉风，蹲在这山顶亘古不化的积雪中。它身上均匀地撒着金色的阳光，像一尊金塑的雕像。这情景是那样凝重，那样庄严，连上帝也会被感动。它就这么一动不动看着远方。天地都在沉默，惟有风在鸣。

这就是我们脚下的一切：云霞含着千峰万岭，吞吐着万象气息，在斜阳余晖映照之下，它们变换着橙红色的光华，从远天一直流到我们的头上；流云在疾风骤行中如千军万马，轰鸣驰过我们的头顶。五色的霞光泄出如遥遥天边的玫瑰，点染得群山俱羞，唤来薄薄的雾遮住曾经伟岸的身躯。夕阳尽情挥洒天地间的风云，叱咤着万种豪迈与温柔；缤纷绚丽的光环交织着光与火的诗篇，燃烧天宇之外的恢弘；纤柔如指的光线弹奏着血色的交响，咏颂苍穹无限的壮美。一曲未毕，天边的霞光已如点点的涟漪，散如落花，垂至心头，积成弯弯的彩虹，久久也不退散……

我忘记了人和动物的界限，和猎豹一起融进这部不朽的天作之中。我忘情地把手搭在它的头上。它用尽全身力气,向太阳长啸一声,长啸声中迸发出冲天的激情,一直奔射到夕阳之外,拥抱天宇中的一切!我们都被凝固了,很久很久……不是风雪,而是此时此地。

天快黑了,我们必须下山了,我推了推猎豹,它不动,再推,还不动。这时我才发觉它已经被冻得僵硬了。可怜的猎豹,它不惜以生命为代价,竟是为了看一次这样的美景!我回想着昨晚的情景,终于明白它为什么会钻到我的帐篷里:未达心志,它不愿死,它必须取暖藉以生命的延续!现在它真的如愿了,并报以生命中最后一声长啸。在它不瞑的笑目中,是否留下了永久的心境?它与天地同在了,而且永远,直到地球毁灭的那一天。它的心境永远比我的要壮美,因为它付出了它的生命。我应该记录下这一孤独伟大的精灵。我终于想起了我的照相机,并为它拍了张遗照。我知道我没权利再占有猎豹的一切,我下了山。

我把这个故事说给别人听,但没人相信。没人相信猎豹会出现在那种地方,更没人相信猎豹会欣赏夕阳。我辞去了登山的差使,因为想起那只猎豹,我便自惭形秽,加上这次登山没能完成我的主顾给我的任务。但,我一生中这最后一次登山已经嵌入了我的生命。我惟一的遗憾是关于那张照片。照片洗不出来了,那地方太冷,即使防冻相机的快门也冻住了,胶片根本没曝光。这故事,只有永远说给我一个人听了。

如何撞击生命的壮美?如何铸就生命的辉煌?这只不惜以生命为代价登上山顶欣赏夕阳的猎豹向我们作出了诠释:生命的意义不在于它的长短,而在于它的过程——为达心志,不懈奋斗,不惜生命。

1.如何理解本文的标题?是"猎豹和夕阳",还是"夕阳中的猎豹",抑或全不是?

2.作者为何说"它的心境永远比我的要壮美"?你是否读懂了猎豹的心境?

3."当我忘记了人和动物的界限"、"当我忘情地把手搭在它的头上……"时这其中的"真意"岂能是一张小小的胶片所能包涵得了的?你读懂了其中的"真意"了吗?

第七条猎狗

◆沈石溪

　　一个猎人,得不到一条称心如意的猎狗,就像骑兵没有匹好马一样。

　　芭蕉寨老猎人召盘巴在四十余年闯荡山林的生涯中,前后共养过七条猎狗。第一条猎狗腿长得太短,撵山追不到麂子,被牵到街子上卖掉了;第二条猎狗刚满五岁就胖得像头猪;第三条猎狗长得笨头笨脑,在一次狩猎时被豹子咬死;第四条猎狗是母的,长大后被一条公狗拐走了;第五条猎狗满身疥疮;第六条猎狗糊里糊涂踩上猎人铺设的铁夹子。一个猎人,得不到一条称心如意的猎狗,就像骑兵没有匹好马一样。召盘巴常常为此唉声叹气。

　　三年后,召盘巴六十大寿时,曼岗哨卡的唐连长作为贺礼送给他一条军犬生出来的小狗。三年来,召盘巴情愿自己顿顿素菜淡饭,也要让这第七条猎狗餐餐沾着荤腥。在他的精心抚养下,小狗长大了,背部金黄的毛色间,嵌着两条对称的浅黑花纹,身材有小牛犊那么大,腰肢纤细,十分威武漂亮。它不愧是军犬的后裔,撵山快如风,狩猎猛如虎。有一次,一只秃鹫俯冲到院子里捉鸡,它从花丛中猛蹿上去,一口咬断了秃鹫的翅膀。召盘巴给它起了个名字叫"赤利"(傣族传说中会飞的宝刀)。

　　猎人爱好狗,召盘巴把赤利看做是自己掌上的第二颗明珠。第一颗明珠当然是他7岁的孙子艾苏苏。召盘巴空闲时喜欢带着赤利串老庚(同年同月同日生的朋友),三杯糯米酒下肚,他就会炫耀说:"有了赤利,也不枉我做了一辈子猎手。嘿,你们就是一把珍珠、一箩黄金也休想从我手中换走它。"说着,就用脸颊在狗耳朵上亲抚一阵。

　　可是傣历一四三三年(1980)泼水节那天清晨,召盘巴不像往年那样抱着艾苏苏,带着赤利到澜沧江边去看划龙船、放高升、跳依拉贺(傣族民间一种随歌而舞的欢庆形式),而是用一根野山藤,把赤利拴在院内的一棵槟榔树下,旁边用三块石头支成一个灶,烧开满满一锅水。然后,他从柴垛里抽出一根粗木棍,慢慢向赤利走去。

　　赤利摇着尾巴,伸出舌头,要来舔召盘巴的裤腿。召盘巴突然举起木棍,兜头一击;赤利敏捷地一闪,木棍在地上砸出个小坑。赤利惊慌地躲到槟榔树背后,委屈地呜呜叫着。

召盘巴紫铜色的脸膛泛出青白，冲上一步，又高高抡起木棍。正在这时，竹楼里奔出一个拖鼻涕的小孩，左手握着一柄小刀，右手捧着一只削了一半的酸多依果，扑到召盘巴怀里，嚷道："爷爷，您别打赤利，它是我的好朋友。"

召盘巴收起木棍，一双被鱼尾纹包裹住的老眼里泪水在打转；他摩挲着艾苏苏柔软的头发说："孩子，它不是你的朋友。他是孽障，是不吉利的畜生。爷爷要亲手打死它，剥皮剔骨，中午给你吃狗肉。"

说着，他把艾苏苏抱到竹楼底下的木堆上坐着，返身又舞着木棍逼向赤利……

　　昨天傍晚，召盘巴背着火药枪，带着赤利，钻进寨子后面的大黑山，想逮只竹鼠，或者挖只穿山甲，好在泼水节改善生活。过一条清亮的小溪，在一片茂密的树林里，赤利突然兴奋地竖起耳朵，咬着他的衣襟往前拖。赤利十分聪明，遇到猎物不像一般草狗那样狂吠乱叫，为自己壮胆，吓走猎物；它会无声无息地咬着主人衣襟报警。果然，召盘巴撩开几片象耳朵叶，瞧见前面十多步远那蓬凤尾竹下，有一头雄壮的长鬃野猪，起码有四五百斤重，正用两柄獠牙掘鲜嫩的笋。按理说，单身猎人碰到猛兽都尽量避开的。特别是孤猪，十分凶猛，称为"头猪、二虎、三熊"。但召盘巴仗着自己四十余年的打猪经验和勇猛无比的赤利，胆子变得斗大，卸下火药枪，塞好火绒，瞄准野猪的耳根就是一枪。"轰"的一声巨响，一缕轻烟消散后，召盘巴知道不妙，赶紧躲到一棵冬瓜树背后，从裤腰间解下火药葫芦，急忙往枪管里填火药和铅巴。但已经来不及了。那头受伤的野猪抬起头来，愤怒地噪叫一声，发疯似的撅着獠牙向召盘巴迅速凶猛地扑过来。

　　赤利在后面"汪汪汪"狂吠，召盘巴连叫数声："赤利，上！上！"他想赤利只要冲上去咬住野猪的后腿，纠缠几分钟，自己就可以填好火药枪，稳稳当当地把这头该死的野猪送回西天。但他很快失望了，赤利不但没有冲上来救主人，一会儿竟连吠声也停止了，也许夹着尾巴逃进草窠了吧。他来不及回头望望赤利，野猪已经扑到跟前，一口把碗粗的冬瓜树拦腰咬断。召盘巴只得丢掉火药枪，绕着大树躲开野猪的猛扑。但毕竟年岁不饶人，他腰腿不像年轻时那般利索了，绕到一棵大榕树前，一脚踩在光溜溜的青苔上，摔了一跤。等他艰难地爬起来，那头横冲直撞的野猪站在他面前两步远的地方，勾着头，双腿一蹦，脖子上的长鬃毛一根根竖起来，倏地蹿上来。召盘巴来不及躲闪，只好一屈膝盖从斜里扑卧在地。这一招儿，非常危险，就算野猪扑了个空，撞在大榕树上掉下来，也要把他压个半死；只听见头上"咔嚓"一声巨响，他闭上眼睛，可是，野猪竟没有压在他身上。他慢慢睁开眼睛回头一望，阿罗，真是老天有眼，保佑他大难不死。原来大榕树两根粗壮的气根间有一条狭窄的缝隙，野猪正好对着这里扑，用力过猛，前半身穿过缝隙，被拦腰卡住，四肢腾空乱舞，嗥叫不绝；独木成林的大榕树被震得簌簌发抖，落下满地绿叶。召盘巴不敢怠慢，连忙拉起火药枪，填好火药，把枪筒塞进野猪的嘴巴连补了三枪，野猪垂下獠牙，不动弹了。

召盘巴望着死去的野猪，浑身像喝醉了酒一样软绵绵的，直冒虚汗。就在这时，赤利狂叫着，从草窠里钻出来，向卡在榕树气根缝隙里的死猪扑跃着，撕咬着。召盘巴从来没有感到这样恶心过，想不到猎狗也有怕死鬼和无赖。要不是火药葫芦倒空了，他当场就会打得它狗头开花……

召盘巴舞着木棍逼向赤利，它东躲西闪，流着泪呜呜求饶。

艾苏苏从3岁起就每天和赤利厮混在一起。赤利会为他在树林里找到野雉窝，捡到很多蛋；赤利会为他在和小伙伴打狗仗时争到冠军；赤利会在他捉迷藏时帮他轻而易举地找到"敌人"。有一次，他到澜沧江里游泳，被一个漩涡卷住，眼看就要沉到江底，他高叫一声"赤利"，赤利便奋不顾身地从岸上跃入江心，游到他面前，他揪住狗尾巴才游上岸的。爷爷要打死赤利，艾苏苏伤心极了，也忍不住嘤嘤哭起来。

召盘巴的怒火烧得更凶，抢起棍子没头没脑朝赤利砸来；赤利尽管躲闪灵敏，无奈脖子上系着野山藤，只能围着槟榔树打转，不一会儿身上便重重挨了两棍，疼得它龇牙咧嘴怪叫起来。野山藤缠在槟榔树上，随着赤利打转而越缠越短，它终于紧紧贴在槟榔树干上不能动弹了。召盘巴瞅准这个机会，一个箭步冲上来，举起棍子对准赤利的鼻梁骨砸去。这时赤利如果纵身一跃，可以一口咬穿召盘巴的手腕，但它没那样做，而是一偏脑袋，待木棍擦着耳朵落地时，一口咬住木棍不放。

召盘巴攥住木棍拼命拖，赤利咬紧木棍拼命拉。不一会儿，召盘巴秃顶脑门儿上，布满了汗珠儿，累得气喘吁吁，他一发狠，丢下木棍骂道："你这条没有良心的畜生，我让你尝尝火药枪的滋味。"说着，颤巍巍地向竹楼走去。

赤利平时见过寨子里有人杀狗吃，也是把狗拴在树上，旁边支一口铁锅烧开水；它明白今天大祸临头了。它兽性大发，狂蹦乱跳，想挣断脖子上的野山藤。但野山藤比尼龙绳还坚韧，怎么也挣不断。它悲哀地呻吟着，求救的眼光射在艾苏苏的身上。

艾苏苏矇眬泪眼看着爷爷走回竹楼,赶紧飞奔到槟榔树下,用削酸多依果的那个小刀,用力割断野山藤;匆忙间,把左手大拇指甲削掉了一块,鲜血滴在赤利的厚厚的嘴唇上。

赤利自由了,它摇摇脑袋,温顺地在艾苏苏的身上舔着,吻着。艾苏苏也搂着赤利的头颈亲着。这时,竹楼木梯咯吱咯吱响了,召盘巴抬着火药枪迈出竹楼。艾苏苏连忙把赤利一推,高呼一声:"快逃!"

赤利后退了两步,恋恋不舍地最后望了一眼召盘巴和艾苏苏,急遽地一转身,像一匹脱缰的野马,纵身一跃,跃过两米高用叶子花筑成的篱笆墙,向大黑山飞奔而去。

姹紫嫣红的叶子花瓣纷纷扬扬撒落一地。

大黑山属于自然保护区,上千年的大榕树吊下许多气根,宛如一群大象的鼻子;望天树窄窄的树冠高耸入云,笔直的树干就像长颈鹿的脖子。密密的森林里鹿子成群,锦雉乱飞,真是野生动物的理想天国。赤利东游西逛,渴了喝口山泉水,饿了逮只树鸲吃。

它成了一条野狗。

一天下午,赤利在澜沧江边逮到一头马鹿,正吃得高兴,草丛里突然窜出二十多条棕红色的豺狗。为首的是两条公豺狗,其中一条颈上有圈白毛,像戴着珍珠项链;另一条长着黑尾巴。这群豺狗望着地上鲜血淋淋的马鹿,小眼珠儿射出贪婪凶残的绿光;分散开,形成一个扇面向赤利包围过来。

赤利冷冷瞧着为首的那两条公豺狗。豺狗在赤利高大的身躯面前,显得那么猥琐,那么瘦弱,肚皮瘪得缩进腹内,恐怕已有几天没抓到猎物吃了。

豺狗包围圈越缩越小,离赤利只有两三步远了。赤利仍然津津有味地啃着马鹿骨头。那两条为首的公豺狗后腿微微前屈,突然嗥叫一声,左右夹攻,一起向赤利扑来。赤利不慌不忙一扭腰,跳到旁边一块礁石上。这块礁石在江边沙砾中突兀而立,有两米来高,四壁陡峭。白项圈公豺狗紧跟在赤利屁股后面也蹿上礁石;还没等它站稳,赤利就抬起铁棍似的前腿,一下把它按翻在地,张开尖利的牙齿,霎时间就把它的喉管咬断了。白项圈公豺狗污黑的血洒了一地,尸体咕隆隆滚下江滩。

黑尾巴公豺狗狂吠一声,也恶狠狠蹿上礁石。赤利又一口咬断了它的脖子。

这群豺狗可被震慑住了,既不肯散去,又不敢蹿上礁石,围着礁石呆呆望着赤利。赤利转着双眼,像闪电一样窜下来,扑倒一条公豺狗,迅速地咬断它的喉管,还没等其他豺狗围拢来,赤利又跳回礁石顶……

太阳西沉时,这群豺狗中最后一条成年的公豺狗也没逃脱它兄弟们的下场。

豺狗是种群居动物,身强力壮的公豺狗是大家庭中的首领;一旦首领死了,其他公豺狗就取而代之。如果一群豺狗中所有的公狗都死了,大家庭也就宣告瓦解,母豺狗就带着自己的小豺狗各自逃散,到其他豺狗群落户。

此刻,七八条母豺狗悲哀地低嗥了一阵,带着十条条小豺狗返身欲逃回树林。

赤利欢快地长吠一声,跳下礁石尾追上去,用爪子扑倒这条母豺狗,又用脑袋顶翻那条母豺狗。母豺狗带着小豺狗惊恐地左躲右逃,赤利飞奔着左截右堵,逼着母豺狗又回到江边。

银盘似的月亮升上了天空,渐渐地,赤利凶猛的攻击变成了亲昵的戏弄,并听任豺狗把大半头马鹿吞咽下去;母豺狗不再拼命逃窜了……

赤利成了这群豺狗的首领,所有的母豺狗和小豺狗都对它俯首帖耳,恭恭敬敬。赤利带着这群豺狗在森林里自由自在地生活着。

但赤利并没有忘记召盘巴,它从不带着狗群到芭蕉寨去,尽管它到现在还没弄明白自己为什么会被撵进山林。

赤利遭受召盘巴的毒打,被迫逃进山林,那真是冤枉的。那天召盘巴向野猪瞄准开枪时,脚步一移动,踩在草窠里三枚蛇蛋上。当时召盘巴全神贯注盯着野猪,哪料得草丛里倏地竖起一条黑褐色的眼镜蛇,颈部那对白边黑心的眼镜状斑纹迅速膨大,血红的舌须快速吞吐着,嘴里"呼呼"有声,从背后盯着召盘巴裸露的臂膀,眼看就要……

一般来说狗是不敢惹毒蛇的。可是,就在这危急关头,赤利不顾一切地蹿上去,一口咬住眼镜蛇的脖颈。一米多长的蛇身,紧紧缠住赤利。正在这时,赤利听到主人大声地呼唤,它哪敢松口;两只动物在草丛里翻来覆去地扭滚着,撕咬着……直到赤利把眼镜蛇的三角形脑袋咬下来之后,才顾不得喘口气,跳出草丛,扑向卡在两根榕树气根间已经血流成河的野猪……

可惜这情景召盘巴没有见到,赤利也无法告诉他的主人。

召盘巴为赤利的不忠伤透了心。他卖掉了火药枪,决心不再狩猎,在家闲了半年。夏末秋初时,为了消闲解闷,他给生产队放牧两头黄牛。

开门节(傣族每年7月15日至10月15日,为"关门"时间,其间不得恋爱婚娶和其他大型娱乐活动,10月15日开门节过后才恢复)过后不久,那两头黄牛在同一天各生下一头小牛犊儿。这可喜坏了召盘巴,他晚上睡在牛棚里看守,白天带着牛群寻找新鲜草场。一天清晨,召盘巴身背一架古老的木弩,让孙子艾苏苏骑在一头母牛背上,赶着牛群到大黑山边缘的野牛凹去放牧。

野牛凹其实是一条狭长的洼地,潮湿温热,遍地长着南苜蓿和红三叶草。开着黄、白、蓝、紫五彩花朵;草叶瓣上都沾着露珠。让牛在这儿饱餐三天,瘦骨嶙峋的老牛也会被嫩草撑肥。

一对小牛犊儿在草地里欢奔乱跳,一会儿跑到小溪边饮口凉水,一会儿又蹿到母牛腹下用稚嫩的小嘴儿吮吸乳汁。母牛娴静地伫立着,一面嚼着嫩草,一面还不时伸出舌头在牛犊背上深情地舔着。

召盘巴在溪边的野花丛中采撷了一朵朵雪白的玫瑰、嫩黄的茉莉和金边美人蕉,编成一个花环,套在艾苏苏的脖子上。艾苏苏在溪水清晰的倒影中照见自己变成了神话中的百花王子,高兴极了。爬到一头母牛身上,喝一声:"冲啊!"把牛当做战马骑,在草地上驰骋起来,逗得召盘巴哈哈大笑。

那头母牛载着艾苏苏小跑到狭窄的山岬边,突然"哞"地长叫一声,惊慌地扭转头,拼命朝牛犊奔来。艾苏苏骑在光溜溜的牛背上,没有防备,被颠簸下来,膝盖擦破了,哭嚷着一瘸一拐奔向爷爷。

召盘巴凭几十年的狩猎经验,知道碰上危险了。他抬起鹰隼般的锐眼,向山岬望去,只见灌木林里树枝乱晃,枯叶纷落,一会儿蹿出一群豺狗,压了过来。

两头牛犊儿钻进母牛腹下瑟瑟发抖,母牛眼里流露出愤怒与惊骇的光。召盘巴解下木弩,在一头母牛屁股上抽了一下,喝道:"蠢货,快跑!"两条母牛鼻子里哼了一声,撒开四蹄,向芭蕉寨方向逃去。但来不及了,豺狗分作两路,窜到牛群前面,挡住了去路。牛群只得又回到召盘巴身边,求援似的望着他。

召盘巴把艾苏苏揽进怀里,冷静地观察了一下。豺狗有大小二十来条,都饿瘪了肚子。他知道,饥饿的豺狗比老虎更难对付。他懊悔把火药枪卖掉了,不然的话,火药枪巨大的爆炸声也许会把豺狗吓退,起码也能给寨子里的乡亲报个信。现在他身边只有十来支楠竹箭和一小筒见血封喉汁(见血封喉,一种剧毒树木,树汁碰到血就会致死,西双版纳猎人都用它作箭毒打野兽,所以也叫"箭毒木"),肯定寡不敌众。情形确实危急。但召盘巴毕竟是个老猎人了,面对危险还能沉住气。他把两头牛犊儿和艾苏苏拉到中间,自己和两头母牛面对豺狗组成一个三角形的护卫圈。两头母牛鼻子里喷着粗气,低着头摇晃着两支又短又细的牛角,准备与豺狗拼死一搏了。

召盘巴拉满弩弦,把一支锋利的楠竹箭在见血封喉汁里浸了浸,扣进弩槽,在跃跃欲试的豺狗中间寻找带头的公豺狗,但他惊奇地发现,这群豺狗中除了小豺狗外,都是清一色的母豺狗,壮年的公豺狗一条也没有。

这时,豺狗已把召盘巴和牛群团团包围住,嗥叫着一步一步逼过来。一条半大的母豺狗大约是想卖弄自己的本领,首先冲将上来,在两头母牛面前蹿来蹿去,想觑个空隙钻进护卫圈拖走牛犊。两头母牛瞪着血红的眼睛,严密地防卫着。召盘巴眯着眼,端起木弩,瞄准那条狂妄的半大母豺狗,轻扣扳机,"噗"地一声,利箭扎进它的眼窝。它惨叫一声,在地上打了两个滚,四腿朝天蹬了两下,就不动了。

豺狗群骚动了一下,窜出四条母豺狗和五条小豺狗,一拥而上,扑向召盘巴。召盘巴不慌不忙,迅速将五支箭镞蘸一下毒汁儿,一支支发射出去。四条母豺狗和一条小豺狗都中箭身亡,剩下的四条小豺狗夹着尾巴逃回豺狗群。

豺狗虽然被打死了三分之一,却仍不肯退缩。召盘巴箭囊里只剩下最后四支楠木箭了。必须赶快设法杀开一条血路,不然箭用完了,就只能束手待毙了。召盘巴把艾苏苏背在身上,用藤子捆紧,让两头母牛左右夹住两头乳牛,跟在自己身后,向芭蕉寨跑去。

五六条豺狗一字儿排开,拦在路上,龇牙咧嘴地咆哮着。召盘巴大步流星迎上去,"嗖嗖"两箭射死两条,其他豺狗见到同伴临死的痛苦挣扎,畏缩了,向路边躲藏。召盘巴趁机冲出包围圈。他朝寨子跑了一小截,回头一望,糟糕,两头母牛和两头牛犊儿并没有跟着他逃出来;豺狗放走他后,把牛群堵住了。十多条豺狗一起疯狂地扑上去撕咬;两头母牛把脑袋紧贴草地,翘起那对可怜的牛角,去挑豺狗,保护着牛犊。豺狗异常敏捷,躲过牛角,扑到母牛笨重的身体上,残忍地咬着。两头牛脊背上都被咬开了几个口子,鲜血淋漓,仍然不肯退让,拼命抵挡着。

召盘巴气得七窍生烟。牛是集体财产,岂容野兽糟蹋。再说自己威震山林几十年,打死过的老虎、豹了、野猪数也数不清,最后竟让豺狗在自己眼前把牛吞吃掉,他就是躺进棺材也咽不下这口气的。想到这里,召盘巴怒吼一声,拉弦搭箭,奔回来,对准扑到母牛身上的两条豺狗"嘿嘿"就是两箭。两头母牛趁着豺狗慌乱之际,用头轻轻抵住牛犊儿屁股,退到召盘巴身边。

艾苏苏在召盘巴背上举起小拳头对着豺狗嚷道:"坏蛋,叫爷爷把你们统统打死!"

豺狗似乎并不怕威胁。由于同伙惨死一半儿,它们变得谨慎了,把召盘巴和牛群团团包围后,并不立即扑上来,只是在二十步之外愤怒地嗥叫着。

召盘巴的箭囊已经空了。唉,要是还有十支箭,明天光剥豺狗皮送到县城土特产收购站去,也能换回三五支乌黑锃亮的火药枪来。

过了一会儿,豺狗又聚拢来,有几条蹿到召盘巴面前挑逗着,试探着。召盘巴拉弩弦,装作瞄准的样子虚发一箭,"噗"的一声,豺狗听到这熟悉的致命的声音,吓得退了回去。

不到一袋烟工夫,豺狗又卷土重来,召盘巴又虚发一箭,豺狗又退了回去。如此重复了四次。有一条秃尾巴豺狗大约是看出了召盘巴在唱"空城计",第五次时其他豺狗退缩了,它不退缩,龇着尖利的犬牙瞪着召盘巴,突然闷声不响地扑上来，前爪想搭在召盘巴双肩上，好咬喉管。召盘巴早有防备，一闪身，拎起那架用紫檀木做的弩，用尽生平力气，狠狠朝秃尾巴豺狗的脑袋上砸去，"噗"的一声，白花花的脑浆和污黑的血流了一地，秃尾巴豺狗连哼都没有哼一声，就直挺挺躺在地上。遗憾的是，召盘巴用力过猛，结实的弩断成三截。他现在真是赤手空拳了。

豺狗被震慑了，不敢再扑上来。一条母豺狗带头长嗥起来，其他豺狗也跟着嗥叫。这嗥叫声很怪，像鲁莽大汉在号啕大哭，嘶哑而又尖利，持续不断，震动山凹。连听惯了虎啸豹吼的召盘巴也不禁毛骨悚然。两头牛犊儿吓得跪倒在地，艾苏苏也吓哭了。

随着嗥叫声，一里外半坡上一个被草木深掩的山岫里，稀里哗啦一阵响，窜出一条黑影，飞奔而来，一直冲到离召盘巴不远的地方，突然站住不动了。

召盘巴揉揉眼睛，仔细瞧着跟前那条高大的狗，果然，金黄的毛色间有两条对称的浅黑花纹。是它，是逃跑了大半年的赤利！

召盘巴火冒三丈。这忘恩负义的畜生，竟敢唆使豺狗来伤害主人！要是手中还有一支毒箭，他一定要射穿赤利的心胸。现在自己手无寸铁，怎敌得过比老虎还凶猛的赤利呢？自己一把老骨头，黄土盖脸也不足惜，可怜宝贝孙子和集体的牛都要遭害，而且死在自己曾经精心喂养过的猎狗口中，这将成为一桩悲惨的耻闻，流传九十九代子孙！老猎人的脸一会儿变成酱紫色，一会儿变成土灰色。

艾苏苏在爷爷的背上也认出了赤利。面对这凶猛的猎狗，他不觉得惊骇，却高兴地嚷道："赤利，快咬豺狗，快咬！"

召盘巴偏过脸，对着艾苏苏大叫一声："住口！"然后伸出颤抖的手指着赤利厉声骂道：

"天杀地剐的畜生，你是恶狼投的胎，魔鬼变的魂，总有一天会成为猎人锅里的肉。"

赤利把尾巴朝着艾苏苏轻轻摇动，并伸出舌头磨磨牙齿。召盘巴觉得赤利是在残忍地嘲弄自己，他忍不住战栗了一阵，突然觉得像踩着白云一样，浑身轻飘飘软绵绵的；他老了，筋疲力尽了，只想少受点临死前精神上的折磨。他索性坐在地上，有气无力地对赤利说："要咬你就赶快咬断我的脖子吧。"他合上眼皮，两行老泪从眼角溢出来。

可是等了半晌，还听不到动静。召盘巴感到奇怪，睁眼一看，赤利还站在跟前摇晃着尾巴。豺狗们等得不耐烦了，一条条嗥叫起来。

赤利动也不动。过了一会儿，十二条豺狗分作两路纵队逼向召盘巴。

突然，赤利瞪着豺狗，"汪汪汪"叫了三声。豺狗像触了电似的，站住不动了，一齐畏惧而又愤怒地望着赤利。

赤利冲向通往芭蕉寨的小路，驱开扼守在那儿的三条小豺狗，然后奔到召盘巴面前，咬住他的衣襟，使劲拖向"缺口"。

　　召盘巴还没明白是怎么回事，那三条母豺狗嗅嗅同伙尸体的腥味，突然发疯似的嗥叫起来，率领九条小豺狗一起扑向召盘巴和牛群。

　　赤利对着豺狗愤怒地咆哮着，但无济于事。于是它四肢腾空，像刚离弦的箭一样，东撞西突，用脑袋顶翻一条条张牙舞爪的豺狗。

　　三条母豺狗绝望地围着赤利撕咬；其余九条小豺狗也丢开召盘巴和牛群，转而扑向赤利。

　　赤利一下子咬死了六条小豺狗和一条母豺狗。但不幸的是，剩下的两条母豺狗咬住了赤利两条后腿，死不松口。赤利前爪屈跪着，动弹不了，三条小豺狗趁机扑到它身上乱啃乱咬。

　　赤利狂叫一声，突然头一仰，腰一挺，前爪腾空而起，三条小豺狗被甩在地上；赤利两只前爪分别压住左右两条小豺狗，同时一口把中间那条小豺狗的一条后腿连皮带骨咬了下来，接着又把压在前爪下的两条小豺狗咬穿了肚子。三条小豺狗惨叫着，拖着血淋淋的身体，逃进了草丛。

　　但是，赤利身上也被咬开了几个口子，鲜血直流。特别是那两条咬住它后腿的母豺狗，锋利的牙齿已在"咯咯咯"地啃它雪白的骨头了。赤利转不过身来，也没有力气再蹦跳，只得卧在地上，望着召盘巴"汪汪汪"急促地叫个不停，希望旧日的主人赶快离开。

　　召盘巴一看只剩最后两条母豺狗了，勇气又回来了。他爬起来奔过去，猛地拎起左边那条母豺狗的两条后腿，甩到半空，划了个弧形，狠狠砸在石头上；母豺狗一下子昏死过去。

　　右边那条母豺狗立即放开赤利，猛地蹿上召盘巴肩膀。召盘巴没防备，一个趔趄摔倒在地。母豺狗张开血口，恶狠狠朝他的喉结咬去——在这千钧一发之际，赤利拖着已露出骨头的后腿，用它平生的最大力气，扑向母豺狗，紧紧咬住它的脖子……

　　等召盘巴把它们分开时，母豺狗已死了，赤利也软软地躺在那里，气息奄奄。艾苏苏哭着把爷爷给他做的那个花环戴在赤利的脖子上，又脱下衫褂，帮爷爷给赤利包扎腿上的伤口。

　　太阳当顶了，雾霭散尽了。召盘巴赶着受了伤的牛，领了艾苏苏，搂抱着昏迷中的赤利，疲惫地往芭蕉寨一步一步地走去。一路上，艾苏苏一直深情地呼唤着"赤利！""赤利！"在召盘巴的眼前，总晃动着槟榔树下那一幕，老泪从他的眼角里滚落下来。

作者生动而曲折地描写了发生在老猎人召盘巴与猎犬赤利之间的曲折离奇的动人故事。小说对整个故事的叙述没有采取平铺直叙的方法,而是用了一波三折的手笔来写。先写召盘巴对猎犬赤利的酷爱,再写他对猎犬赤利的厌恶,最后写对猎犬赤利的理解,从而成功地刻画了猎犬赤利的形象,突出了它的勇猛和忠诚。

整篇小说情节生动,形象鲜明,感情真挚动人。

1. 你能根据这篇文章归纳出小说的几大要素吗?

2. 这篇小说尽管着笔于动物,但关照的却是人类。你从中受到了什么启示?

3. 把这篇小说改编成一个动人的口头故事,讲给你的爸爸、妈妈或朋友、同学听,锻炼你的口头表达能力。当然,别忘了,一定要讲得曲折而又生动,这样才会有吸引力。

瘦　茧

◆胡德智

一个瘦而小的茧悬挂在纸盒两壁相夹的右
上方,稍稍一动,这瘦而小的茧便随之抖动起来,
我的心也随着这瘦茧一起战栗着。

上课了,一个学生还在专心地玩一个小纸盒,小纸盒被我没收了来,打开一看,里面装着两三片干枯得没有了叶绿素的桑叶和两只头大尾小的蚕。这蚕伏在蔫了的桑叶上,极其缓慢地挪动着。我知道,这蚕还没有成熟,还需要吃一点儿新鲜的叶子。但谁让它落在我的手里呢?我丝毫没有养蚕的兴趣,这蚕就成了"缓期执行"的"囚犯"了,连同小纸盒一同放进了办公室的抽屉里。

过了几天,那几片枯叶和如孕妇般挪动的蚕,突然很清楚地浮现在眼前。一种怜惜、一种自责和一种新奇的心理迫使我小心地打开了小纸盒:蚕不见了,三两片叶子也不见了,只见盒子底下留着些带墨绿的微粒,一个瘦而小的茧悬挂在纸盒两壁相夹的右上方,稍稍一动,这瘦而小的茧便随之抖动起来,我的心也随着这瘦

茧一起战栗着。

这最后的枯叶是蚕吃完了的;这蚕是在再也等不到桑叶时才作茧的。

蚕呀,你何苦要这般地抽丝呢? 你吃完了那点儿桑叶不是就可以安然死去了吗?

蚕呀,你又何苦要作茧自缚呢? 看你这瘦茧,明显的营养不足!

抑郁的、沉重的、悲哀的情绪冲击着我,我轻轻地把茧从小纸盒的两壁相夹处放了下来。哦,这蚕一定是累了,睡着了!

"是我之过,是我之过! 如果我知道蚕结的竟是这般瘦弱的茧,如果我知道蚕竟是这般的脾性,那我甘愿回到孩童时代,我甘愿每天去摘许多许多带着露珠儿、闪着绿光的桑叶,一直把它养大,哪怕再也看不到那雪白的或金黄的茧⋯⋯蚕呀,你就睡吧!

"春蚕到死丝方尽",这就是蚕的秉性,无论养蚕人给它的桑叶是多是少,照顾得是粗是精,长大后它都要"作茧自缚",即便是营养不足、体弱瘦小的,也不怨天尤人,依然倾腹吐丝,奉献出自己的一切。

我们的生活中不是也有这样的"蚕"吗?

1."作茧自缚"向来是一个带贬义的词语,阅读本文后你有什么新的想法?

2.作者在文中表达了一种怎样的情感?

3.由蚕的倾腹吐丝展开联想,你能想到些什么?

悲怆的狼嗥

◆文 青

巴博浑身布满了血窟窿，两眼深情地望着主人，发出一声悲怆的长嗥，随即，明亮的眼神渐渐黯淡。

2000年4月，在印尼的卡洛雷岛上，一群神情肃穆的村民将一具棺木缓缓地放入早已挖好的地穴中，许多村民都唏嘘不已，而一位脸色苍白的少年的哭泣更是让人闻之悲戚。人们不会想到，这些虔诚的村民是在为一只情深义重的狼举行隆重的葬礼。

那位脸色苍白的少年叫马蒂姆，是他和外公去狩猎时，从野猪的獠牙下救回了一只小狼崽儿。马蒂姆精心照料小狼崽儿，在喂养过程中与狼崽儿建立了感情，他给狼崽儿取了个名字叫"巴博"。巴博在马蒂姆的喂养下渐渐长大，成了马蒂姆狩猎的好帮手。

卡洛雷岛沿海盛产珍珠，村民们总是把最名贵的珍珠献给神，长年累月，村庄附近神庙里的镂金匣子里堆满了各种名贵的珍珠。

2000年3月，一村民骇然发现家中的牲畜遭到猛兽袭击，甚至还有小孩子被咬死。最初，没有人怀疑巴博是血案的凶手，但巴博的行踪却越来越诡秘。马蒂姆发现它每晚都要偷偷地溜出去，每天清早都会舔血而归，有时对着月亮发出几声凄厉、阴森的长嗥，有时在神庙附近晃悠。现在，连马蒂姆都认为巴博是狼性大发，伤心不已的马蒂姆答应老祭司把巴博骗至神庙前杀死！巴博被拴在神庙前的石柱上，它不断地发出悲怆的长嗥。马蒂姆默默地拿起箭，内心的痛楚使他持弓的手臂微微颤抖，出色的弓箭手却连将三支箭射断了拴巴博的绳子！巴博死里逃生，扭头就往森林深处迅速跑去，转眼就在众人惊诧的目光中消失得无影无踪。巴博逃跑后，有人看见它潜回村里，有时在神庙附近晃悠。

村里的血案还在不断发生。2000年4月，老祭司带领愤怒的村民合力围剿巴博，村民很快就发现了它的踪迹，沿着踪迹一直追踪到一个小岩穴前。岩穴太小，人进不去，猎犬又畏缩不前，没办法，老祭司叫人在岩穴外点燃干柴，想用烟把它逼出来。正当众人被烟火熏得眼鼻呛痛时，巴博却在几十米远的山头长嗥。"快射它！"老祭司大叫，一阵密集的箭雨倾泻过去，巴博发出一声惨叫，它的后腿被箭射穿，只能一瘸一瘸地走。众人见它钻进了山洞，便扒开草木举着火把跟了进去。洞又长又曲折,走着走着,听见一阵狗吠,在火把的光亮中,看见一个30岁左右的男人端着枪站在山洞里,石柱上拴着四只大狼狗,狼狗群里有白骨和婴儿衣服的碎片。那家伙见有人,正要端枪射击,马蒂姆迅速用腰刀将他的枪击落在地,村民们把那家伙绑起来审问,那家伙说出了一桩骇人的阴谋。

原来,他是雅加达一个盗窃团伙的成员,听说卡洛雷岛神庙里有数不清的名贵珍珠,于是,便悄悄登岛,潜伏在森林中的山洞里,伺机盗窃神庙的珍珠。但他们万万没有想到巴博一次又一次地破坏了他们的阴谋,只要他们一接近神庙,巴博便咆哮着赶来。他们想尽了办法,如枪击、投毒、设陷阱等也没有杀死巴博,一个家伙想出条借刀杀狼的毒计。他们返回雅加达,花高价买了四条训练有素的狼狗后又潜回卡洛雷岛,深夜将狼狗放进村中,一批引开巴博,一批袭击人畜。巴博在追踪狼狗时,始终不远离神庙,但它与狼狗厮杀后满嘴的血迹却被村民误认为是袭击人畜的凶手。

莫罗布拉村民恍然大悟,都被巴博的义举所感动,老祭司令村民去解决四条狼狗,山洞口突然传来枪声,盗窃分子手拿自动步枪扛着几大包珍珠出现在洞口,有几个村民中弹倒地,马蒂姆稳住阵脚,张弓搭箭,一连射倒两个歹徒。为了提高命中率,他竟不顾安危从隐蔽处走出,为首的盗窃分子乘机对他举起了枪,此时,一道黑影闪电般扑向朝马蒂姆开枪的盗窃分子,几个歹徒一愣神,众村民已将他们击毙。

枪声沉寂了。马蒂姆狂喊着巴博的名字飞奔过去,只见巴博浑身布满了血窟窿,两眼深情地望着主人,发出一声悲怆的长嚎,随即,明亮的眼神渐渐黯淡。马蒂姆紧紧搂住巴博,泪如泉涌……

巴博,一只狼,一个历尽坎坷的生命。它用鲜血和生命捍卫一方村民的财产与生命,却屡被村民误解,伤于村民的箭下,最后死于盗窃者的射杀。它能不悲怆地嚎叫吗?它是在用嚎叫诉说身世的凄惨,宣泄它内心的痛苦!

1. 狼(巴博)的"情深义重"表现在哪些方面?

2. 文章题目为"悲怆的狼嚎",其"悲怆"表现在哪儿?

3. 你有过被人误解的经验吗?当时的心情如何?用一段文字描述出来。

向生命鞠躬

◆孙盛起

生命所赋予它的最后一点儿力量，就是让它
挣脱束缚，获得自由，然后无疑地，它将慢慢死去。

早就想带儿子爬一次山。这和锻炼身体无关，而是想让他尽早知道世界并不
仅仅是由电视、高楼以及汽车这些人工的东西构成的。只是这一想法的实现已是
儿子两岁半的初冬。

初冬的山上满目萧瑟。刈剩的麦茬儿已经黄中带黑，本就稀稀拉拉的树木因
枯叶的飘落更显孤单，黄土地少了绿色的润泽而了无生气。置身在这空旷寂寥的
山上，更多感受到的是一种原始的静谧和苍凉。

因此，当儿子发现了一只蚂蚱并惊恐地指给我看时，我也感到十分惊讶。我想
这绝对是这山上惟一至今还倔强地活着的蚂蚱了。

我蹑手蹑脚地靠过去。它发现有人，蹦了一下，但显然已很衰老或孱弱，才蹦
出去不到一米。我张开双手，迅速扑过去将它罩住，然后将手指裂开一条缝，捏着
它的翅膀将它活捉了。这只周身呈褐色的蚂蚱因惊惧和愤怒而拼命挣扎，两条后
腿有力地蹬着。我觉得就这样交给儿子，必被它挣脱，于是拔了一根干草，将细而
光的草秆从它身体的末端捅入，再从它的嘴里捅出——小时候我们抓蚂蚱，为防
止其逃跑，都是这样做的，有时一根草秆上要穿六七只蚂蚱。蚂蚱的嘴里滴出淡绿
色的液体，它用前腿摸刮着，那是它的血。

我将蚂蚱交给儿子，告诉他："这叫蚂蚱，专吃庄稼的，是害虫。"

儿子似懂非懂地点头，握住草秆，将蚂蚱盯视了半天，然后又继续低头用树枝
专心致志地刨土。儿子还没有益虫害虫的概念，在他眼里一切都是新鲜的。或许他
在指望从土里刨出点儿什么东西来。

我点着一支烟，眺望远景。

"跑了！跑了！"儿子忽然急切地叫起来。

我扭头看去，见儿子只握着一根光秃秃的草秆，上面的蚂蚁已不知去向。我连
忙跟儿子四处寻找。其实蚂蚱并未跑出多远，它已受到重创，只是在地上艰难地
爬，间或无力地跳一下。因此我未走出两步就轻易地发现了它，再一次将它生擒。
我将遇难者重又穿回草秆，所不同的是，当儿子又开始兴致勃勃地刨土时，我并没
有离开，而是蹲在儿子旁边注视着蚂蚱。我要看这五脏六腑都被穿透的小玩意儿

23

究竟用何种方法逃跑！

儿子手里握着的草秆不经意间碰到了旁边的一丛枯草。蚂蚱迅速将一根草茎抱住。随着儿子手的抬高，那穿着蚂蚱的草秆渐成弓形，可是蚂蚱死死地抱住草茎不放。难以想像这如此孱弱和受着重创的蚂蚱竟还有这么大的力量！儿子的手稍一松懈，它就开始艰难地顺着草茎往上爬。它每爬行1毫米，都要停下来歇一歇，或许是缓解一下身体里的巨大疼痛。草秆在一点一点缩短，而已退出它身体的草秆已被它的血染得微绿。

我大张着嘴，看得出了神。我的心被这悲壮逃生的蚂蚱强烈震撼。它所忍受的疼痛我们人类不可能忍受。这壮举在人世间也不可能发生。我相信我正在目睹着一个奇迹，一个并非所有人都有幸目睹到的生命的奇迹。当蚂蚱终于将草秆从身体里完全退出后，反而腿一松，从所抱的草茎上滚落到地上。这一定是精疲力竭了。生命所赋予它的最后一点儿力量，就是让它挣脱束缚，获得自由，然后无疑地，它将慢慢死去。

儿子手里握着的草秆再没有动。我抬眼一看，原来他早已和我一样，呆呆地盯着蚂蚱的一举一动，并为之震撼。

我慢慢地站起来，随即向前微微弯腰。

儿子以为我又要捉蚂蚱，连忙喊："别，别，别动它！它太厉害了！"

我明白儿子的意思。他其实是在说："它太顽强了！"

儿子大概永远也不会明白弯腰的意思。我几乎是在下意识地鞠躬，向一个生命，一个顽强的生命鞠躬。

俗话说：秋后的蚂蚱——蹦不了几天啦！但这只蚂蚱却"蹦跶"到了初冬时节。

这是一只备受摧残却顽强抗争的蚂蚱。

这是一只值得我们为之鞠躬的蚂蚱。

1. 文中最能打动你的是什么？"我"为什么要向那只蚂蚱鞠躬？

2. 你也有过抓虫子或其他小动物的经历吗？是否也有过类似的心灵震撼？

3. 你怎样看待"我"用草秆穿蚂蚱这一行为？

少年与牛

◆李有干

> 凶牛轰然一声倒下,鲜红的血喷向天空,像一朵朵无比艳丽的鲜花。

少年要出远门,陪伴他的是一头牛。

少年的父亲在离家很远的荒原上,硬是用汗珠子咬出几亩水田,要不断地灌水和耕翻,洗去土里的盐分才好播种,于是这份活计便落到了少年的身上。

在通往荒原的路上,牛迈着傲慢的脚步,极其缓慢地走着,印下一个个碗口般的脚印儿。少年走在牛的前面,手里牵着比勺柄还粗的牛绳,绳子绷得很紧,仿佛不是牛在走,而是他拽着牛往前拖。少年的父亲走在牛后边,胳膊上挂着一张古老的木犁,手里同样牵着一根很粗的牛绳,迈着和牛一样沉重的脚步。一头牛的鼻子里穿着两根绳子,一前一后地牵着,谁见了都会觉得稀罕,但有经验的庄稼人一看就知道是头不好对付的牛。

它确实是头凶牛,敦实有力的四肢,如同楔在那里扳摇不动的木桩,支撑着壮实庞大的身躯。粗长有力的尾巴轻轻地一拂,就会掀起一阵能把人吹倒的风,若不是额头上举着两只锋利的角,应该说更像一头大象。它力大无比,拖着沉重的犁耙仍快步如飞;脱谷时拉着三条石磙,赶牛人也跟不上它跑。一天能干三头牛的活,但脾气特倔,已经伤害过三条人命。它伤人时十分残忍,不用角刀,也不用蹄子踏,冷不防用尾巴把人扇倒,然后用宽阔的额抵住,死命地搓揉,直至把人的五脏六腑从腹腔里揉出来。它十天半月不干活计,积蓄在体内的力量无法排遣,就显得烦躁不安,对生人总是保持着一种不可冒犯的架势,用瞪得很大的眼睛瞅着,谁要接近半步,就用"呼哧呼哧"的鼻音发出警告。

少年的父亲从买回凶牛那天开始,就喜欢上了它,起早睡晚地给它喂水喂草,还做了把带有铁齿的梳子,闲着没事的时候,就给它梳理皮毛,过几天总要从鸡窝里掏两只蛋,再倒上几盅香油给它加料。即使凶牛发脾气使倔,也不用鞭子抽,一个劲地哄着它,就像哄一个不懂事的孩子。

村里人说少年的父亲如此看中这头牛,无非是贪图便宜,因卖主开始遭到凶牛的伤害不敢再用,急于出手,只卖了一头牛的一半儿价钱。村里所有的人看到凶牛,就像见到鬼似的躲着,平时常和少年家串门的伙伴儿,生怕遭到凶牛的伤害不敢再来。少年和村里人一样惧怕凶牛,时刻提防着它。可是,少年越是胆怯,父亲越是让他接近牛,每到用牛时,就把他带在身边,有时还让他独自牵着牛到草滩里放牧。少年不敢靠近,就在滩里楔根木桩儿,把牛牢牢地拴着,等它吃光一小片草地,再换一个地方。现在,竟然要把他送到荒原上去,和凶牛呆在一起。对于少年来说,父亲的话就是圣旨,他违拗不得,只有一次次地问自己:我会成为第四个被凶牛伤害的人吗?上路时,他的心里就憋着一肚子气。气父亲,也气牛。

因为路上行人多,少年的父亲怕凶牛见到生人犯倔,用两根牛绳一前一后地牵着。它若伤害前边的人,后边的绳子会把它拽住;如叼后边的人,又会被前边的牛绳牵住,它只有乖乖地往前走。

这时,正是太阳最辉煌的时候,一望无垠的草滩被风荡起绿色的波涛,阳光在缎子似的草上闪耀,青翠欲滴的草挽住了凶牛的脚步,一口接一口地啃着。它那鲜亮的舌锋利得就像割草刀,轻轻一掠就把一束嫩草裹进嘴里。

少年抖动着牛绳,催它走。

父亲说:别急,让它吃吧。

过一会儿,少年又抖了抖牛绳。

凶牛抬起头,凶狠地瞪了少年一眼,直到肚皮圆滚滚地鼓起来,才踢踢笃笃地走出草滩。

过会儿,填饱肚皮的凶牛疾步如飞,轮到它来催赶少年了。两只弯弯的角几乎触到了少年的脊背。少年只好加快速度,放开两腿一路小跑,没走多远就累得气喘吁吁,气得心里骂:倔牛,迟早得杀肉吃!这可苦了走在后边的父亲,因为肩上扛着犁,想快也快不起来,硬是被牛拽着往前拖。犁是桑树做的,很结实,也很沉,压塌了父亲半个肩膀,走不几步就换一下肩。少年叫父亲把犁放下,让牛驮着走,反正凶牛有着使不完的力气,让它吃点儿苦头才不会使坏。可是父亲心疼牛,宁愿自己背着也不让牛驮着走。

前面,出现一处高出地面的土墩子,远看就像一座小山。父亲告诉少年土墩上有户人家,养了一条恶狗,据说是下海打草用铁夹子套住的一只狼,经过驯养现在成了一条狗,十分凶恶,见人就咬,从这儿经过的人都得防着它。

少年想到后有凶牛追赶,前边又碰上恶狗挡道;不由胆战心惊,要父亲从别处绕过去,免得遭到伤害。父亲说去荒原就一条路,只能从这儿经过。

汪汪的狗叫,使少年收住了脚步,牛也跟着停了下来。

父亲说,有凶牛护着,狼狗再凶也伤不了人。

少年走近一看,两丈多高的土墩子一劈两半儿。路从中间直穿而过,行人经过这里,就像走进陡峭的大峡谷。守在墩子边的狼狗,正虎视眈眈地举目远望。父亲调整了队形,让少年走在牛的后面,同时放长了牵在手里的牛绳,遭到狼狗袭击时可以有周旋的余地。

人和牛一进入"峡谷",狼狗就闪电般扑向少年的父亲。父亲往下一蹲,狼狗扑了个空,从父亲的头顶上飞了过去,落到墩子的另一边。少年吓出一身冷汗,紧贴住牛的肚皮,一步步往前挪。

狼狗返身朝少年扑来,少年躲闪不及,黑布褂被叼去一片。

凶牛一副无所畏惧地样子,迈着绅士般的步伐,当少年两次遭到攻击时,它终于忍不住地昂起头。

狼狗自不量力地跳上牛背,俯下身子欲撕少年的耳朵。

凶牛被激怒了,脖子往后一扭,一只角轻轻一挑,把狼狗摔回到墩子上。

狼狗尝到了厉害,望着凶牛再不敢靠近,跑得远远的,汪汪地叫着,人和牛趁此走出了"峡谷"。少年对牛不再怨恨,觉得它是那样强大,心里多了几分敬畏……

少年和凶牛被抛在荒草原上,伴随他和它的是一部破烂的风车,还有几亩白汪汪的水田。少年个头不矮,但很瘦弱,嫩得像刚出土的豆芽儿。他才16岁,充其量还是个大孩子,当他还没有犁梢高的时候,父亲就教会他给牛套轭头,学会了耕田耙地,不过那是一头老水牛,温顺得像只猫,现在面对的却是体强力壮的凶牛,勇猛如虎。少年不得不和它保持足够的距离,给它喂草时总离得很远,一束束地抛给它。少年记得很清楚,父亲从卖主手里接过牛绳的那一刻,卖主曾再三叮嘱:这牛凶,动不动就伤人,千万小心!虽然父亲曾经告诉过他:牛通人心,只要人对它好,它决不会平白无故地伤人。前头出过人命的几户人家,稍不如意就用鞭子把它往死里打,越打它越犟。人蛮,牛也蛮,人和牛是一个道理。但这并没有使他消除对凶牛的畏惧心理。不论怎么说,在强大的凶牛面前,他实在太渺小了。在凶牛的眼里,他就像一株弱不禁风的小草,吹口气就能把他折断;有力的尾巴扇动一下,也会把他打倒。它对少年总是不屑一顾,对他的使唤充耳不闻,少年对它那种畏惧的神情,更加激起它的蔑视,或摇头晃脑地向他示威,或甩动尾巴进行挑衅,甚至发出愤怒的叫声。少年心想提心吊胆的日子总得有个结束,暗自寻求着对策,经过反复思索,惟有不断消耗它的体力,才能使它顺从自己。少年从早到晚让牛驾着轭头,不停地耕着那几亩水田,因为他和它之间隔着一张木犁,它想犯倔也犯不了。闲下来,凶牛半睡半躺地吃着草料,少年则呆在一旁,相互用很不友善的目光瞅着。

一个阳光灿烂的午后,少年刚驾起牛耕地,忽然发现近处荒野里有个鸟巢,一只鹭天子正蹲在窝里孵蛋。少年很久没有吃过荤腥了,就想捡回鸟蛋煮了吃,便让牛停下,向鸟巢走去。

鹭天子一身灰黑,肚皮上的羽毛却是白的,习惯生活在没有人迹的荒野里。人们对它的说法很神奇：上能通天，下能入地；冬天潜入水下不吃不喝，春天才回到地面上繁衍生息；见到人就在头顶上盘旋、俯冲、拍打，弄得人头晕眼花，所以又叫迷魂鸟。少年一步步逼近，蹲在窝里的鹭天子毫无飞走的意思。少年踮起脚跟，想把它捉住。

凶牛静默在水田里，眼瞅着少年。

鹭天子突然变得紧张起来，张开了翅膀。少年猛一扑没有捉住，捡起一窝鸟蛋，又回到水田里耕地。

飞向高空的鹭天子，突然俯冲而下，用翅膀在少年的头上扇了一记。

少年的脸像针扎似的疼。

鹭天子仍在头顶上盘旋，几次俯冲下来，似要夺回它的蛋，但都被少年用牛鞭挡开了。它忽地收紧翅膀落到牛背上，一口接一口地啄着。凶牛的尾巴一扫，把鹭天子打落在水田里。少年放开犁梢，刚要跑过去提，凶牛猛地向前冲去，拖倒了木犁，在水田里狂奔。

鹭天子仍在天空盘旋、鸣叫，一次次向凶牛发起攻击。凶牛狂奔不止，只见一团团水花儿，却看不到牛。少年追了过去，刚抓住犁梢，就被凶牛拖倒了。凶牛转过身，宽阔的额头朝少年压来，少年大惊失色，放开抓住的犁梢，在泥水中一滚，躲开了凶牛；凶牛气红了眼，在水田里兜了一个圈子，再次扑向少年，冰雹似的泥浆已经飞溅到他的脸上，眼瞅着就要死于凶牛的额下。少年别无退路，只有把凶牛制服，才能免于一死。他一改往日的懦弱，不再畏惧，不再胆怯，鼓起了从未有过的勇气，机敏地一跃跳到牛的背后，飞快地用肩膀扛起犁梢，使犁铧深深地吃进土里，凶牛一下子被刹住了。

凶牛瞪着血红的眼睛，怒视着少年。

少年扛着犁，不动。

凶牛向前使着力气，想从少年的手里挣脱出来，但无法动弹。

相互长时间地较着劲儿，互不让步。

少年知道再这样僵持下去，会激起凶牛更大的反感，便一点点地试探着放下扛在肩上的犁梢。

凶牛背上的重负减轻了，眼里燃烧的怒火逐渐消失。

少年没有用牛鞭抽打凶牛，轻轻地抚摸着它的脊背。

他和它终于恢复了平静。

回到牛棚里，少年把鸟蛋敲破放在碗里，又倒了几盅从铲头上省下来的香油，那乳白色的蛋液，火红的蛋黄，非常诱人。少年馋涎欲滴，但没吃鸟蛋，都给了凶牛。他想，如果自己不捡鸟蛋，鹭天子不会袭击凶牛，凶牛也不会犯倔；况且没把他抵死,应该感激它。

凶牛尝到了蛋和香油的味道,有了一种从未有过的满足,用舌尖舔着沾在唇边的油珠子,还想吃。少年用手抚摸着它的额头,告诉它没有了。

凶牛十分懂事地用头蹭着少年,他和它的距离一下子缩短了。少年又一次想起了父亲的告诫,一步步地向凶牛贴近。夜里和它一起睡地铺,身下铺着一层厚厚的稻草,既是他的床铺,也是牛的草料。一天的劳累并没有使凶牛耗尽体力,过一阵子,就吃几口草,然后磨动着坚硬的牙齿,似乎要把漫漫长夜一点点地咬短、嚼碎,连同草料一起吞进肚子里。风从墙缝里钻进来,一条薄被抵挡不住深夜的寒气,少年就紧贴着牛,用它的体温暖着自己的身子。牛要撒尿时,就用舌尖把熟睡的少年舔醒。少年衣服也不穿,赤着身子拿来尿桶,随着那"哗哗"声,牛棚里充满难闻的热尿味。凶牛的肚皮大,喝的水多,一泡尿要撒很长时间,少年冷得直打颤。

白天,在波光闪闪的水田里,凶牛总是拖着那张古老的木犁,按少年的意思顺从地走着。泥浆在它肚皮下飞溅,田水被它庞大的躯体激起一道道波浪,迅速地向四周扩散,撞击田埂时发出悦耳的哗哗声。犁铧切开板结的土,一瓣儿一瓣儿地翻滚,很有规则地排列着。少年稳稳地掌着犁,牛向前迈一步,他也跟着往前走,每当腻涩的土粘在犁铧上,他就使劲儿地摇动犁梢,减轻牛的重负。到达田头掉转方向,少年的眼睛睁得很大,注视着牛的脚步。若左偏,就用绳弹一弹牛的肚皮;如向右斜,就将一将牛绳,让牛走出一条直线。

一种特殊的语言。

凶牛有时也会停下,抬起头望着荒凉的原野,"哞哞"地叫几声,抒发内心的感受。少年甩起牛鞭,却不往牛身上抽,只是虚晃一下,唱起悲凉的牛号子。

天边出现一抹烟熏过似的云,遮住半个快要沉下去的太阳。少年给牛卸下轭头,洗去它一身泥水,牵着它漫步在田埂上。望着被耕过的水田,平展得像一张纸,一道道犁沟如墨斗弹出来的直线;一铧一铧的土,仿佛从一个模子里脱出来的瓦片,在夕阳的辉映下,闪烁着金属片似的光泽,心里有了一种欣慰。

少年对牛体贴入微,牛对少年百依百顺,他和它融洽地生活在寂寞得让人难以忍受的荒原上。牛一眼见不到少年,就"哞哞"地叫,像是呼唤着什么。

先旱后涝,颗粒无收,一个特大的荒年。荒原上那几亩水田无法耕种,少年和牛回到了老家。

饥荒如同狂暴的风,肆无忌惮地扫荡着一切生命,树皮和草根成了人度命的食粮,牲畜陷入了饥饿的困境,全都瘦得只剩下一张皮,纷纷倒毙。一个接一个的物种在村里悄然消失了,只有凶牛还硬撑着,成了惟一的幸存者。没有少年的照料,它也不会活着。少年宁愿自己忍饥挨饿,省下一口食物留给牛;实在没有吃的了，就挖树根给它充饥，还要自己先尝一尝，如果苦得不能入口，绝不给它吃。后来树根挖净了，只能不断给它喂水，可是两泡尿一撒，凶牛刚鼓起来的肚皮又瘪了下去。少年想不出别的办法，就把凶牛牵到自家麦田里，啃那粘在泥上的麦青子。凶牛一口也不吃，挣着往回走。少年哄着它：吃啊，不吃会饿死的！凶牛直挺挺地站着，鼻子里打着闷腔，依然不吃。它仿佛知道吃掉麦青子，麦收就没有指望了。

又过了几天，凶牛连站着的一点儿力气也没有了，昏昏沉沉地躺着。少年更是饥肠辘辘，和牛一样躺倒了。

凶牛用软软的舌尖儿，舔着少年的脸。

少年抱着牛的脖子，依偎在一起。

牛眼里含着泪，一眨不眨地看着少年。

少年扶着墙壁，摇摇晃晃地站起。牛打了几个趔趄，跟着站起来以后，再没有躺下，从白天站到黑夜，就像楔在那里似的。少年知道它再躺下，就站不起来了。

又撑了几天，少年饿得两眼发黑，一头晕倒在地。牛又蹦又跳，一个劲儿地往外挣。少年的父亲把它牵至场头拴在石磙上。凶牛突然使出全身的力气，蹬着四蹄脖子一硬，把石磙拎了起来，穿在鼻子里的绳子被打断了，接着在场头上狂奔。

少年苏醒过来，以为牛饿疯了，便去拦它。

凶牛避开少年，不要命地向石磙撞去。石磙被弹出去很远，凶牛轰然一声倒下，鲜红的血喷向大空，像一朵朵无比艳丽的鲜化。

少年扑过去，握起拳头堵住它额头上的血窟窿。血涌如喷泉，怎么也堵不住，把他也染成了血人。

父亲拉开少年说："既然它有这个意思，让它走吧。"

少年再次扑向牛，放声大哭："我不让你走。"

牛怕冷似的一个战栗，突然张开灯盏大的眼睛，看了少年一会儿，然后合上了眼帘。

少年"噗"的一声双膝着地，面对凶牛久跪不起。

村里人听说凶牛在石磙上撞死了，纷纷赶来。往常，人们怕遭到它的伤害，都是远远地躲着它，现在见它躺在血泊之中，无不肃然起敬，同时生出许多感叹。

"这牛虽然脾气倔，但是头好牛。"

"它应该换一种死法。"

"那就不是凶牛了。"

凶牛死了，它死得那样坦然，那样悲壮，那样惊心动魄。它为使少年不被饿死，毅然决然地献出了自己的生命。少年的父亲几次拿起刀，又几次放下，实在不忍心对它动刀子，便叫来了杀猪宰羊的屠夫。

少年抓住屠夫的刀,不让扒凶牛的皮。屠夫问:不动刀子,你吃得到牛肉?少年说它不是牛,是人!村里人看到这情景,无不暗暗地流泪。在屠夫剥牛皮时,少年一直向牛跪着,泣不成声。

　　少年的父亲在场头上架起一口子锅,把剥下来的一丁点儿肉和骨头放进锅里,架起木柴煨了一锅汤,给村里每户人家舀几勺子。村里人说这汤又粘又稠,喝一口能保十天的命。一锅汤舀空了,往锅里放些水再煮一次,一次又一次地反复,直至把内脏都煮化了。一个村子的人,全靠它度过了最难熬的一段日子。但少年没喝一口汤,他实在无法入口,大伙把能充饥的那点食物给了他,才使他保住了性命。

　　少年捞起锅底的碎骨,和村里人一起把它埋葬在村头上。竖立在坟前的墓碑是那染血的石碾。

　　都只知道人是能知恩图报的,没想到一头牛竟然能以生命去回报它的小主人。

　　本文文笔非常富有诗意,无论是对景物的描绘,还是故事情节的描述,均采用第三人称的叙述方式,让读者仿佛置身其外,而又身在其中,这是这篇小说除哲理之外的又一特色。

　　1. 文中塑造了怎样的一头凶牛形象?这是一头真正的凶牛吗?如果不是,又是什么?

　　2. 作者讲述这个故事,到底是要表现一种怎样的思想感情?你是怎么理解的呢?

敬 畏 生 命

◆张全民

　　　　我们敬畏地球上的一切生命,不仅仅是因为
　　　人类有怜悯之心,更因为它们的命运就是人类的
　　　命运。

　　弘一法师在圆寂前,再三叮嘱弟子把他的遗体装龛时,在龛的四个角下各垫上一个碗,碗中装水,以免蚂蚁虫子爬上遗体后在火化时被无辜烧死。好几次看弘

一法师的传记,读到这个细节,总是为弘一法师对于生命深切的怜悯与敬畏之心所深深感动。

上高中的时候,我家后院的墙洞里经常有大老鼠出来偷吃东西,不知为什么,我的心里产生了一个残酷的想法,悄悄地躲在墙边,趁老鼠出来的时候,拿开水烫它。结果一只大老鼠被滚烫的开水烫着后惨叫着缩进了墙洞,我不知道它死了没有,但那时我并没意识到自己的残忍,因为"老鼠过街,人人喊打",在人类的心目中,老鼠似乎有1000个应该死的理由。然而,引起我内心最大触动和自责的还是在两个月后,我在后院又看到了那只大老鼠,它还活着,只是全身都是被烫伤之后留下的白斑,可是最让人痛苦和不安的是,它居然还怀着小老鼠,腆个大肚子,动作迟钝地在地上寻觅着食物。我无法表达那个时候的心情,我只觉得"生命"这个词在我的心中突然凸现得那么耀眼,我只觉得我曾经有过的行为是多么卑劣和龌龊,这种感觉,在别人眼里也许会显得很可笑,但是,对我来说,就是从那个时候起,我逐渐地感受到了生命的意义和分量。

法国思想家史怀泽曾在《敬畏生命》一书中写道:他在非洲志愿行医时,有一天黄昏,看到几只河马在河中与他们所乘的船并排而游,突然感悟到了生命的可爱和神圣。于是,"敬畏生命"的思想在他的心中蓦然产生,并且成了他此后努力倡导和不懈追求的事业。

其实,也只有我们拥有对于生命的敬畏之心时,世界才会在我们面前呈现出它的无限生机,我们才会时时处处感受到生命的高贵与美丽。地上搬家的小蚂蚁,春天枝头鸣唱的鸟儿,高原雪山脚下奔跑的羚羊,大海中戏水的鲸鱼等等,无不丰富了生命世界的底蕴。我们也才会时时处处在体验中获得"鸢飞鱼跃,道无不在"的生命的顿悟与喜悦。

因此,每当读到那些关于生命的故事,我的心中总会深切地感受到生命无法承受之重,如撒哈拉沙漠中,母骆驼为了使即将渴死的小骆驼喝到够不着的水潭里的水而纵身跳进了潭中;老羚羊们为了使小羚羊们逃生而一个接着一个跳向悬崖,因而能够使小羚羊在它们即将下坠的刹那以它们为跳板跳到地面的山头上去;一条鳝鱼在油锅中被煎时却始终弓起中间的身子是为了保护腹中的鱼卵;一只母狼望着在猎人的陷阱中死去的小狼而在凄冷的月夜下呜咽嗥叫。其实,不仅仅只有人类才拥有生命神性的光辉。

有时候,我们敬畏生命,也是为了更爱人类自己,丰子恺曾劝告小孩子不要肆意用脚去踩蚂蚁,不要肆意用火或用水去残害蚂蚁。他认为自己那样做不仅仅出于怜悯之心,更是怕小孩子的那一点点残忍心以后扩大开来,以至于驾着飞机装着炸弹去轰炸无辜的平民。

确实，我们敬畏地球上的一切生命，不仅仅是因为人类有怜悯之心，更因为它们的命运就是人类的命运：当它们被杀害殆尽时，人类就像是最后的一块多米诺骨牌，接着倒下的也便是自己了。

每一种生命都有它存在的理由和价值，生命应该没有尊卑贵贱之分。生命是可爱的，是神圣的，又是高贵与美丽的。不仅仅只有人的生命如此。抬头看看这五彩缤纷的世界，大群的银鸥在蓝色的海洋上飞翔，马群在辽阔的草原上奔跑，一朵小花在风中舞动，甚至一只虫子在树枝上寻找食物，都能让我们体会到生命的喜悦和美丽。生命又是可敬的，像母骆驼、老羚羊、鳝鱼、母狼所表现出的母性之爱，令我们的灵魂受到震颤，我们明白了"不仅仅是只有人类才拥有生命神性的光辉"。

1.当你读到母骆驼跳入深潭为孩子解渴，母狼为小狼的不幸遭遇而悲嗥欲绝等细节时，你有何感触？

2.作者在文中向人类呼吁的是什么？

3.文中作者列举了很多其他生物，证明它们同样具有灵性，你在生活中有这样的发现吗？试举两例谈谈。

人类的道德师

◆王文元

论牺牲精神，或许我们不如梅花鹿；论助人为乐，或许我们不如海豚；论对爱的忠贞，或许我们不如北极熊；论对生命的热爱与执著，或许我们不如麝牛……

动物社会中不存在作为完整意识形态的道德体系，但动物也不是各竞其私、恣意乱为的，危急时，它们会按一定的"道德"准则行事，有的动物还形成了为人所钦佩的"道德"情操。只要进入这神秘的生灵王国，真正与众生为友，追其踪，蹑其迹，听其声，观其行，寻其幽，探其胜，即使平日以动物为壑的无情郎，也会冰释敌意,幡然改变对动物的态度。

梅花鹿,多么风雅而又富有诗意的名字。谁能料到这么柔弱的生灵在危急时能唱出壮怀激烈的道德悲歌呢?鹿群遇险,前有山涧拦挡,后有凶恶敌人穷追,情况万分危急,就在这千钧一发之际,领头鹿一声令下,鹿群在跑动中迅速完成了悲壮的组合,前面的鹿高高地向山涧跃去,紧跟着第二只鹿以小些的角度跃向同一方向,刚好踏在第一只鹿的背上,以第一只鹿为踏板,借力进行二次跳跃,跃至山涧对面,第一只鹿则悲壮地划出一道抛物线,坠落万丈深渊。接着,第三只鹿又义无反顾地跃起充当"踏板",让第四只跃过山涧……

就这样,鹿群中的一部分存活下来,而绝大多数则长眠于深谷之中。有的充当了生命的"踏板",有的因没有掌握好起跳的速度与角度而双双失去了生还的机会……人们惊奇地发现:因充当"踏板"而坠入深渊的多为老鹿与残鹿。这种侠胆柔肠、情深义重的牺牲精神实在令人惊羡,因为人类遇到相同的情况,并不一定做得到那么从容不迫。泰坦尼克号沉没事件,几乎是以人类临危不乱的典范被颂扬的,但还是出现了一些诸如因争抢救生船而发生的骚乱。然而复杂的道德游戏,到了梅花鹿那里竟然变得如此简单明畅,就如风起云涌、电闪雷鸣那样自然。穷追冥索,百思不得其解,恐怕这也足以让动物学家难下定论吧。

海豚,以其乖巧伶俐,深受人们的喜爱,殊不知更重要的是,它是人类最忠实的朋友,甚至被誉为"仁慈之父"。已经有过多起这样的报道:人们在海上遭到鲨鱼袭击时意外地得到海豚的救助。为了救人,海豚甚至不惜付出伤亡的代价。在人类为"见义勇为"的立法争执不休时,海豚早已在默默地实施这一道德准则了。人们常常以不屑的眼光乜斜不会说话的动物,可是动物从不"以其人之道还治其人之身"。海豚虽心无城府,却具有大海般的博大胸怀,从不计较人类对它们的乱捕与戏弄,在人最需要帮助的时候,无私地用自己的生命架起一座桥,把人渡回到生命的世界。这种伟大精神,让自诩为"万物灵长"的人,也不由得心仪仰止,肃然起敬。

爱情是道德的试金石。提到对爱情的忠贞,很容易想到鸳鸯。其实,一些看起来十分凶残的动物之专情也是令人惊叹扼腕的。比如北极熊,诡谲乖张,龃龉凶险,从不放过猎物,但对配偶却憨迂稚拙,达到"不求同生,但求同死"的痴情地步。如果雌性遭到不幸,雄性就一直守候在配偶尸体旁边,不进饮食,直至与配偶同去。一位格陵兰狩猎者讲述了他亲身经历的一个语焉凄婉的故事。

一场突如其来的暴风雪,使得猎人不得不将捕杀到的一只雌性北极熊留在被杀的地点,独自返回驻地。恶劣的天气持续了三天,第四天,天气好转,他按照事先做好的标记寻找到了猎物。这时他发现,雌性北极熊的尸体旁边站着一只雄性北极熊,正用愤怒的眼光盯着他,并向他扑来。猎人出于自卫,向这只可怜的家伙开了枪。在解剖时他惊奇地发现,从时间上判断,这只雄性北极熊已经三天没有进食了。虽然这个猎人记述了北极熊的爱情传奇,使得熊这一凶残的动物在人们心中的印象有所改观。然而我突然想到事情的另一面:在视婚姻如儿戏的浇漓之世,猎人所述的也许能够敦正人心,归肃世风。不是吗?北极熊的爱情传奇犹如空谷足音,给人们的心灵注入了一丝澄明的禅意,人们重新思考起"婚姻道德"这一庄重的话题。

生活在北方的麝牛,以"集体主义"为行动方针,所有的麝牛都遵守这个准则。这是它们的敌人——狼逼使它们这样做的。因为狼就是集体行动的,分散的麝牛无法与成群的狼角杀。麝牛对付狼的办法,周密从容,出人意表:每当狼群出现,麝牛便闻风而集,形成坚固的阵营。成年麝牛一个挨一个地围成一个封闭的圆圈,头部朝外,暴露出尖利的角。幼年或体弱的麝牛被围在圈内,以躲避开敌人的袭击。麝牛不惧怕狼,同样不惧怕捕猎者。遇到捕猎者,当最外圈的强健的雄性麝牛被猎枪击中倒地,雌性麝牛便前仆后继地补充上去,以使血肉筑成的生命之圈完整无缺,使它们的幼崽与弱者得到保护。执是之故,动物园要想弄到一只毛茸茸的麝牛幼崽,必须消灭一群麝牛……生命是延续的,当"我"不得不毁灭的时候,一定要千方百计让下一代延续下去,这是何等的胆魄,何等的智慧,何等的伟大!在麝牛与狼的抗争中,透出一种出自于生命的似隐而彰、朦胧绰约的悲壮,发出一种让人情于中、形之于外的天籁。而人类,在围成类似麝牛的血肉之圈时,抵御的却总是自己的同类,羞煞人也。麝牛的壮举足以鞭挞我们的恶行,冲濯我们的秽德,逼迫我们思考:人类如何延续自己的生命,如何让生命摆脱狭隘局促的自私桎梏。

人类碍于面子,绝不会提出"以动物为师"的口号,但在恪守"道德"方面,动物确实堪称人师。论牺牲精神,或许我们不如梅花鹿;论助人为乐,或许我们不如海豚;论对爱的忠贞,或许我们不如北极熊;论对生命的热爱与执著,或许我们不如麝牛……亲近与了解这些可爱的动物,也许有助于我们清除满腹的俗浊之欲,扫去心中的猥琐无聊,驱赶掉身上的懵懂麻木,让善与爱的本性得到张扬。这是完全做得到的,因为我们也属于动物——虽然我们享有"高级"这一神圣而又富丽堂皇的称谓。

人类的前面总是被冠以"高级"二字,自然其余动物必是"低级"无疑。但是当我们人类发展到 21 世纪的时候,诚信、伦理、爱情等等道德观念却在某些人群当中渐渐泯灭了、丧失了;所以,当我们阅读完本文,读到梅花鹿舍身为同伴、海豚以德报怨、北极熊誓死相守、麝牛的集体主义精神……的时候,我们人类真应该低下高贵的头,拜动物为师!

1.动物的这种种"道德行为"的发生,是否说明人类在其自身的发展过程中有些环节已经落后于"低级"的动物?你怎么看这个问题?

2.你能将梅花鹿、海豚、北极熊、麝牛的行为按照人类的道德范畴予以归类吗?

3.结合文章,谈一谈你对"以动物为师"的理解。

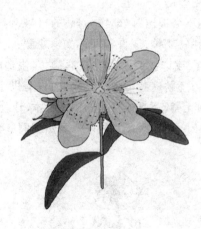

　　爱是不能忘记的，她永存于人和人之间，生灵和生灵之间，生命和整个自然之间。

　　动物间的爱，往往让人类感到惭愧。

爱之物语

　　在我们这个充满冷漠、敌意和仇恨的世界上，星期天晚上的桑地莱动物园却上演了一场既惊心动魄又感人至深的一幕：一只丧子的大猩猩和一个听力部分失聪的小女孩在一起度过了十个小时，孩子不顾一切地要去安慰猩猩，而那只母猩猩则一直十分小心地护着孩子直到最后将她放下……这个故事再一次证明了爱完全可以超越人与动物的界限……

——选自《与猩猩谈判》

天 鹅 之 爱

◆方 圆

它们好像突然被固定在冰块儿中间，仍保持
着临死前的天然姿容，简直生动极了。

挪威沿海山区的边缘，有一个清丽幽静的湖泊，湖面宽阔，湖水清澈，靠山的
那一半儿湖面，倒映着郁郁葱葱的树影，另一半儿湖滩上则长满芦苇，湖中水草丰
茂，游鱼穿梭来往，一派盎然生机。

浮标看守人尼基塔，就住在湖边一幢小木屋里，他的小屋四周，几公里以内没
有别的人家，也很少有人到这里来。但这位老人并不寂寞，他经常打猎捕鱼，着迷
得有时连吃饭也顾不上。

每年春风吹拂之时，湖面解冻，一群群天鹅就会回到这里度夏，它们双双对
对，浮游在平静的湖面上，时而把头探入湖水，拨水洒浴，时而伸长颈项，引吭高
歌。它们生气勃勃地生活在湖面上，给湖面增添了无限生机，正因为有了它们，这
个湖也被称之为"天鹅湖"。

一天早晨，尼基塔在捕鱼时朝对岸看了一眼，突然惊呆了：在朝霞映照下的湖
面上，两只洁白如雪的大鸟在静悄悄地徐徐游动，它们低着长长的脖颈，美丽得像
从神话世界飞来的两只仙鸟。

"啊，天鹅!"尼基塔惊奇极了。尽管他见过了不少天鹅，但却从未见过如此美
丽的天鹅，他情不自禁地赞美起来。

天鹅时而骄傲地环视四周，时而斜视自己映在清澈的湖水中的倒影，久久停
留在一个地方，然后一拐弯儿，不慌不忙地游到湖湾的另一边去了。

从这天起，尼基塔每天都看见这两只天鹅。它们在森林里定居下来，在一个浮
岛上筑了个窝。不久，母天鹅下了几个很大的浅黄色的天鹅蛋。

这时，别的鸟都不敢靠近这个浮岛。野鸭只要一落到附近的水面，公天鹅就会
凶猛地冲上前，不速之客只好仓皇飞走。

不久，尼基塔看见它们孵出了四只小天鹅，又看见它们温文尔雅地教小天鹅
觅食，当小天鹅长得有大野鸭那么大时，它们全家又搬到一条通湖的小河里去了。

将近两个星期，尼基塔一直没见到那几只美丽的天鹅，湖面上一下子变得寂
寞单调，失去了迷人的特色。

又过了一段时间，一天，森林上空突然又响起天鹅的叫声。尼基塔冲出小屋，

39

只见那一家子六只天鹅全都在湖面上盘旋，沐浴在灿烂的阳光中。他久久地欣赏着这些骄傲端庄的天鹅，分不清哪些是老天鹅，哪些是小天鹅。想到天鹅全家不久就要飞到南方温暖的地方去过冬了，尼基塔不禁有些伤感。

渐渐地，树叶开始发黄，湖边的水草全都倒下，黑夜越来越冷，北风越刮越烈。森林上空不断传来一阵阵候鸟南飞的鸣叫声。

一天，小岛上的六只天鹅也纷纷展翅起飞了。它们先在湖上盘旋一周，然后直插云霄。尼基塔向它们挥挥手说："一路平安！"

忽然，浮标看守人发现，有两只天鹅先后离开了队伍，它们慢慢盘旋着，渐渐向森林上空降落。当它们降到水面上时，尼基塔认出来了，这是两只老天鹅。它们为什么又回来呢?这件怪事一直萦绕在尼基塔的脑海里。他不禁替这两只天鹅担心起来，冬天的挪威多冷啊，要是它们不肯南飞，冰天雪地的日子恐怕很难熬过。

为弄明白原因，尼基塔到湖边去的次数更多了。但他发现不了什么问题，只是那公天鹅偶尔会突然一边鸣叫，一边展翅而起，长时间孤独地盘旋在森林上空，像是立刻要向遥远的南方飞去。然后，它又降落到水面上，游到母天鹅身边，用它黑色的大喙温柔地抚摩着母天鹅的羽毛。

最使浮标看守人惊奇的是，这两只天鹅看来的确不想飞到南方去了。森林里的候鸟越来越少，天鹅却若无其事地在小岛周围游来游去，遇到刮风下雨的天气，它们就躲避在芦苇丛里。

最后一批大雁也飞走了，湖边结起了薄冰。两只天鹅搬到了小河口，那儿的河水湍急，从不封冻。但它们一直蜷缩着身子，一副无精打采的样子。

一场突如其来的寒潮打乱了尼基塔的计划。这一年的冬季来得又早又猛，第一场大雪跟着北冰洋的寒流从天而降，"呼呼"的北风呼啸了一夜，棉絮般纷纷扬扬的大雪也飘了一夜。第二天一早，担了一夜心的尼基塔推开门，眼前已是一片白茫茫，天鹅湖也冻起厚厚的一层冰，冰上的雪也深得能够没住脚脖子。

尼基塔连早饭都顾不上吃，立即踏着冰雪进了湖。他来到芦苇丛中那对天鹅藏身之处，立即被眼前的景象惊呆了：枯萎的芦苇已经被雪压倒了，只有一丛灌木还披着雪装挺立在雪地中，灌木丛里有一堆雪，模模糊糊可以辨得出来，那就是可怜的天鹅，它们紧紧地靠着，两根长长的脖子伸出雪堆，交叉着贴在一起，仿佛在互相鼓励，又像是在诉说着对蓝天的热爱，对夏天和阳光的企盼。尼基塔擦了擦眼睛，喃喃地对那一对死去的天鹅说："咳，我来迟了一天，你们就这样度过了最后一个冬天。"

过了复活节，新年到了，村里一年一度的冰雕比赛开始了。这是那些冬天里闲得没事干的村民想出来的花样。尼基塔忙着凿冰捕鱼，哪里有这种闲情逸致?这天他来到湖上，又到灌木丛边去探望那一对天鹅。尼基塔发现，那一对天鹅身上的雪，被北风吹去了，剩下的一层，已经被太阳晒化了又结成冰。透明的冰层下，那一对天鹅看得清清楚楚，它们好像突然被固定在冰块儿中间，仍保持着临死前的天然姿容，简直生动极了。老渔夫再一次抹去眼角的泪水，飞身返回村庄，宣布他今年要参加村里的冰雕比赛。

比赛的那天，尼基塔带了两个年轻人，到芦苇丛中小心翼翼地把天鹅挖出来，完完整整地搬到村里的广场上。这一对天鹅冰雕，立刻吸引了所有的村民。灯光照射着冰块儿中的天鹅，它们紧紧地贴在一起，各自展开一侧翅膀，想用自己的身体去温暖对方；它们伸长颈项，交叉着伸向天空，眼睛张得大大的，充满着生的渴望；天鹅的嘴微微张开，似乎在诉说着衷肠，祈祷着幸福；全身的羽毛，也在冰层下竖起，好像要做最后一次飞翔。整座冰雕清晰、生动、感人！

这时，人们才发现，雌天鹅展开的翅膀，有一个肉瘤，那是翅骨被打断造成的。雌天鹅无法作长途飞行，只能离开天鹅群，而那只雄天鹅，也毅然放弃了生的希望，留下来陪着自己的伴侣，直到生命的最后一刻。

尼基塔的冰雕，无可争辩地夺得了本年度比赛的冠军。全村人还作了一个决定：到首都奥斯陆请最有名的雕塑家，照着尼基塔的冰雕创作一座永久的雕像，安置在湖边公园，让这一对天鹅，世世代代矗立在天鹅湖畔，向人们讲述它们美丽而又哀怨的故事。

　　为了陪伴不能远行的雌天鹅，雄天鹅毅然放弃了生的希望，留下来陪伴自己的伴侣，直至生命的最后一刻。这是怎样感人至深的天鹅之爱呀！动物之间尚能如此忠诚关爱，那么我们人呢？

　　1．文中那两只天鹅为什么在寒冷的冬季，依旧不离开天鹅湖，最后宁愿冻死也一起留在"天鹅湖"？

　　2．"天鹅之爱"到底是怎样一种爱？延伸到我们人类，这又是怎样一种情感呢？你有这种情感吗？

　　3．文中虽然塑造的是动物形象，写的是动物的故事，但读起来却充满了人情味。这是为什么呢？

雁

◆石钟山

僵直的头仍冲着天空,那是它们的梦想。

人们先是看见那只孤雁在村头的上空盘桓,雁发出的叫声凄冷而又孤单。秋天了,正是大雁迁徙的季节,一排排一列列的雁阵,在高远宁澈的天空中,鸣唱着向南方飞去。这样的雁阵已经在人们的头顶过了好一阵子了,人们不解的是,为什么这只孤雁长久地不愿离去。

人们在孤雁盘桓的地方,先是发现了一群鹅,那群鹅迷惘地瞅着天空那只孤雁,接着人们在鹅群中看见了那只受伤的母雁。她的一只翅膀垂着,翅膀的根部仍在流血。她在受伤后,没有能力飞行了,于是落到了地面。她应和着那只孤雁的凄叫。在鹅群中,她是那么的显眼,她的神态以及那身漂亮的羽毛使周围的鹅黯然失色。她高昂着头,冲着空中那只盘桓的孤雁哀鸣着。她的目光充满了绝望和恐惧。

天空中的雁阵一排排一列列缓缓向南方的天际飞,惟有那只孤雁在半空中盘桓着,久久不愿离去。

天色近晚了,那只孤独的雁留下最后一声哀鸣,犹豫着向南飞去。受伤的雁目送着那只孤雁远去,凄凄凉凉地叫了几声,最后垂下了那颗高贵美丽的头。

这群鹅是张家的,雁无处可去,只能夹在这群呆鹅中,她的心中装满了屈辱和哀伤。那只孤雁是她的丈夫,他们随着家庭在飞往南方的途中,她中了猎人的枪弹。于是,她无力飞行了,落在了鹅群中。丈夫在一声声呼唤着她,她也在与丈夫呼应,她抖了几次翅膀,想重返到雁阵的行列中,可每次都失败了。她只能目送丈夫孤单地离去。

张家白白捡了一只大雁,他们喜出望外,人们在张家的门里门外聚满了。大雁他们并不陌生,每年的春天和秋天,大雁就会排着队在他们头顶上飞过,然而这么近地打量着一只活着的大雁,他们还是第一次。

有人说:"养起来吧,瞧她多漂亮。"

又有人说:"是只母大雁,她下蛋一定比鹅蛋大。"人们议论着,新奇而又兴奋。

张家的男人和女人已经商量过了,要把她留下来,当成鹅来养,让她下蛋。有多少人吃过大雁蛋呢?她下的蛋一定能卖一个好价钱。

张家的男人和女人齐心协力,小心仔细地为她受伤的翅膀敷了药,又喂了她几次鱼的内脏。后来又换了一次药,她的伤就好了。张家的男人和女人在她的伤好

42

前,为了防止她再一次飞起来,剪掉了她翅膀上漂亮而坚硬的羽毛。

肩伤不再疼痛的时候,她便开始试着飞行了。这个季节并不寒冷。如果能飞走的话,她完全可以找到自己的家族以及丈夫。她在鹅群中抖着翅膀,做出起飞的动作,刚刚飞出一段距离,便跌落下来。她悲伤地鸣叫着。

人们看到了她这一幕,都笑着说:"瞧,她要飞呢。"

她终于无法飞行了,只能裹挟在鹅群中去野地里寻找吃食,或接受主人的喂养。在鹅群中,她仰着头望着落雪的天空,心里空前绝后地悲凉。她遥想着天空,梦想着南方,她不知道此时此刻同伴们在干什么。她思念自己的丈夫,思念南方的湖水。她的耳畔又依稀响起丈夫的哀鸣,她的眼里噙满了绝望的泪水。她在一天天地等,一日日地盼,盼望着自己重返天空,随着雁阵飞翔。

一天天,一日日,她在企盼和煎熬中度过。终于等来了春天;一列列雁阵又一次掠过天空,向北方飞来。

她仰着头,凝视着天空掠过的雁阵,发出兴奋的鸣叫。她终于等来了自己的丈夫。丈夫没有忘记她,当听到她的呼唤时,毅然地飞向了她的头顶。丈夫又一次盘桓在空中,倾诉着呼唤着。她试着做飞翔的动作,无论她如何挣扎,最后她都在半空中掉了下来。

她彻底绝望了,她不再做徒劳的努力了,她美丽的双眼里蓄满了泪水,她悲伤地冲着丈夫哀鸣着。

这样的景象又引来了人们的围观,人们议论着,嬉笑着,后来就散去了。

张家的男人说:"这只大雁说不定会把天上那只招下来呢。"

女人说:"那样的话,真是太好了,咱们不仅能吃大雁蛋,还能吃大雁肉了。"

这是天黑时分张家男女主人的对话。张家已把鹅群和她赶到了自家院子里,空中那只大雁仍在盘桓着,声音凄厉绝望。

不知过了多久,这凄厉哀伤的鸣叫消失了。

第二天一早,当张家的男人和女人推开门时,他们被眼前的景象惊呆了:两只雁头颈相交,死死地缠在一起,它们用这种方式自杀了。

僵直的头仍冲着天空,那是它们的梦想。

 心灵体验

人类虽然可以剪掉大雁的翅膀,却无法扼杀她翔翔天空的渴望。

大雁死了,这是人类的悲哀。

面对动物之间的爱,人类应为之羞愧。

1.你怎样看待人们对大雁所做的一切?人与大雁相比哪一个更高贵?

　　2.大雁的死表露出一种怎样的心迹?你能用一段文字描述大雁临死前的心理活动吗?

猫

◆(台湾)张秀亚

> 可惜猫儿不会说话，否则这将是一篇多么曲折感人的爱的故事啊!

　　去年3月底，结婚未久的茂弟陪着他的新娘贞妹来了，那个温婉的贞手中还提着一只玲珑的篮子，上面更盖了一层布，她那甜美的面孔上浮漾着神秘的笑容，轻盈地走进门来，将篮子摆放在阶前。然后，她像个魔术师似的，揭开篮上的绒布，现出了一只小猫!

　　那是一只棕灰色的小狸猫，大概因为旅途困顿，犹酣睡未醒。亏得贞想得周到，篮子里还摆了一盘食物，同一个亮晶晶的浅绿色塑胶小球儿，以免猫儿旅途寂寞。

　　猫儿睡醒了，在我们充满爱意的注视下，张开了它那双眼目，啊，两泓小型的桃花潭水!多么幽深，多么清亮!它转动着这双眼睛，身躯在觳觫着，怯怯的有点儿畏人。贞说它还只是一个月大的乳婴，今天趁老猫不注意时，他们悄悄地将它带了来，送给我的孩子们。

　　我问着:"它的母亲会不会想念它呢?"

　　"当然最初几天会想的，也许慢慢地忘下了。"

　　我望着这个乍离母怀的幼儿，想像着它母亲的心情，老猫当真会忘得下吗?一念及此，不觉对这只小动物生出无限的怜爱，我遂转过脸来嘱咐身边的孩子们:

　　"对小猫要好一点儿啊，它才生下一个月就被抱来了。"

　　两个孩子笑了，彼此在调侃着:

　　"如果你从小就被抱走了，现在不知道会变成什么样子呢。"

　　"如果你被人家抱走了，一定还不如这小猫乖呢。"小哥儿俩又说又笑地一个将小猫抱了起来,一个跟在后面,一齐到阳光朗照的后院去了。

小猫在阳光满地的院中跑着,拨着微风吹动的嫩叶,揪弄着新生的文竹,忽而又一遍遍地跑着半环形的路,追逐着自己颤巍巍的小尾巴,样子非常逗人。

一天天地过去,猫儿渐渐地长大,它的举动不再那么稚气了。叫起来细声细气,走起来斯斯文文,怪不得美国诗人桑得堡说那轻轻软软的雾是附在小猫的足上呢。

到了秋天,这只年轻而漂亮的猫儿,也做了母亲了。

它生下了四只小猫,两只棕灰的,和它自己一样,还有两只是浅黄的,皮毛美丽的光泽,使人联想到中秋月色。四只猫儿像小白薯似的"煨"在母亲温暖的怀里,做母亲的舐舐这只,舐舐那只,小猫撒娇地咪呜着,半闭着仍有点怕见光的小眼睛,沉酣在母爱里。

那只盛装脱脂奶粉的厚纸盒子,就权充了它们临时的宅第,阳光好的时候,做母亲的就带着劲儿,全体在院中做游戏,顽皮的小猫动作并不灵敏,常常歪倒在地上,爬起来,伸足摇头,行动宛如卡通中画的鸟兽般的不自然,因为如此,看来就格外有趣。

当我坐在窗前看它们游戏时,院门常常被附近小女孩儿推开了,辫发蓬松的小头从门缝探伸进来,娇声娇气地喊着:

"阿姨,我要猫咪!"

"进来吧!"

"好怕哟!"小女孩儿又故意地说着,做了个鬼脸。

更有些光葫芦头的小男孩儿闯进来,直截了当地说:

"阿姨,给我一只抱回家去吧。"

"等它们长大一些再给你们吧,它们还吃母猫的奶呢。"我的孩子们在代我回答着,我知道他们心里委实舍不得送人。

猫儿给我们的生活增加了无限的情趣,有些文友看到我养的这一群猫,往往打趣说:

"好忙的主妇啊,要照顾七八口呢。"

一天早上,窗外晓雾迷蒙,我听到母猫在门边叫,声音异常凄厉。我走去打开了它们的纸盒,见里面只有两只棕灰色的小猫了,那两只最圆胖可爱的黄色的小猫不见了。前院儿后院儿,篱边树下……甚至水沟里都看了,仍不见那两只。

一上午,母猫声声地哀鸣,一声比一声凄苦,它不食不饮,走出走进,忧急而惶乱,这个寻子的慈母焦灼的模样,简直令人心碎。孩子们把剩下来的两只小猫抱来要它喂乳时,它再也不似平时那般欢乐了,只勉勉强强地喂了一会儿,就又匆匆忙忙地走了——它仍要继续去寻觅。

直到下午它才回来,模样显得疲惫而憔悴,一味地绕室哀鸣,我家那个洗衣妇看了很感动,也帮着寻找,跑遍了附近街巷,哪里有两个毛团团的浅黄色的小身影呢。

两个孩子也一个劲儿地搓手顿足:

"一定是被哪个小淘气抱走了,关在家里了。"

晚上我去烧茶,顺便去探看一下猫儿的居所,仍只是那两只棕灰的在,小小的身子蜷缩成一个团儿,它们的母亲大概又是出去寻找失落的爱儿了,院门关着,它想是自篱墙缝里钻出去的,我望着窗外眨眼的星星,听着我那两个孩子的鼾声,不禁想起了那本《慈母心》的内容。

第二日天刚破晓,我听到母猫在厨房门外号叫,我叹息了一声:

"这么早,大概是饿了!"

我睡意犹浓,实在不想起来,但它一声声叫个不停,使我无法再安睡。

"什么事呢,可怜的母猫!"我一边喃喃自语着,一边走去打开了甬道那边的厨房门——那是母猫每日进出的门户。啊,我不禁惊呼,母猫翘伸着前爪,趴在厨房门阶上,还有那两只失踪了一日夜的小黄猫,也笨拙地伸着那短小而龌龊的前爪,趴在青灰的石阶上,这个母亲,到底寻回了两个不归的"浪子"!

"妙呜!"三只猫儿欢乐地一跃而进,母猫慈爱地以口衔住那失而复得的爱儿的后颈,一个一个把它们衔进那个纸盒做的家!

我揉揉眼睛,睡意全无,眼前这景象使我怔住了,我简直可以说是怀着"敬意"望着那个小动物——母猫,它连夜在黑暗之中,不知穿越了多少条街巷,逡巡于多少家门前,它观望着,谛听着,闻嗅着,希望发现爱子的身影、声音以及气息,历尽了千辛万苦,终于探觅到失去的幼儿的踪迹!而寻到了之后,不知它又如何在夜晚穿过了人家紧闭的门窗,将两只才学走路的小猫儿带了回来!由它凌乱的绒毛及小猫儿满身的灰土看来,可以知道它们的归来历尽艰险,可惜猫儿不会说话,否则这将是一篇多么曲折感人的爱的故事啊!

我已不想再睡,就到厨房去预备早餐,然后,回到房里,俯身在孩子们的耳边说:

"起来,起来,去看啊!"

他们睁睁惺忪的眼睛醒来了:

"去看什么?"

"看什么?"

"……去看……那猫!"我几乎要说,"去看那个好母亲!"

作者写猫，并没有简单地对猫的形态作静态观照，而是在日常生活的点点滴滴中写尽了猫带给"我"家的无限欢乐与情趣。其中着重突出了在猫身上得以淋漓尽致地体现的母爱。

1.古今中外，赞美母爱的作品不胜枚举。请举出几例，与本文作比，从中得出本文在构思及艺术特色上的与众不同之处。

2.每个人都沐浴在母爱的阳光中。如果让你来赞美母爱，你会选择怎样的角度？

3.面对母猫对子女的爱，你想说几句吗？

爱犬梅根

◆宗 时

自从梅根重获新生后，它天性中温柔、悲悯的一面便发挥得淋漓尽致。

寒风中的哀鸣

拾回梅根，是在十年前的那个冬日。那天下午，在彼得博拉当兽医的我出诊归来，急匆匆地往家里赶。忽然，我从呼啸的风中分辨出一两声微弱的狗的哀鸣。

循声找去，我在一处肮脏不堪的街角发现了它。这是一条病得奄奄一息、气若游丝的金丝黄毛犬，正患着我所见过的最严重的犬恶丝虫病。

它楚楚可怜的眼神和痛楚无助的哀告像一道电流击穿了我的恻隐之心，我决定把它带回家。

我把它唤作梅根。开始的三天里，我每天两次给它的右前腿作静脉砷毒注射，以有效地杀死塞满它心脏的微丝蚴。梅根一定是领悟了我善意的企图，所以很配合地伸出前腿让我打针。两个月后，奇迹在梅根身上出现了。它停止了咳嗽，浑浊无光的眼睛变得清澈明亮了。毛发也重新焕发出健康柔亮的金黄色光泽。

无往不胜的魔力

自从梅根重获新生后,它天性中温柔、悲悯的一面便发挥得淋漓尽致。

一天晚上,一位农夫带一只被群狗咬伤的小羊羔前来求医,小羊羔身上伤痕累累,血迹斑斑,温顺的双眼紧闭,只有那微弱的呼吸表明它的心脏仍在跳动。我推测它可能撑不过当晚,为了便于检查,把它带回了家。

令我始料不及的是,小羊羔占据了梅根的全部视野和心思。那天晚上,梅根成功地扮演了一个尽职尽责的护士角色。它轻轻地舔它,拿鼻子蹭它,用嘴把毛毯衔起,盖在小羊羔身上。然后,梅根脸贴着小羊羔的脸,紧挨着它躺下来守护它。

第二天大清早,我被梅根唤醒了。眼前的奇迹令我怀疑自己是否置身于梦中:四脚平稳地站在我面前的,竟是昨夜危在旦夕的小羊羔!而一旁的梅根,则活脱脱一位骄傲的母亲,它兴高采烈地摇摆着尾巴,叫声里分明是胜利的喜悦。

此后梅根成了我的专职护士。

一次,有只难产的母猫被紧急送到医院,原来它在家里生下一只小猫后,另一只给卡住了,疼得母猫凄厉地尖叫。我赶忙实施剖腹手术后,母子平安,小猫"咪咪"的叫声吸引了梅根的注意。它急不可待地冲到猫盒旁,用舌头舔它们湿漉漉的灰色的肉球身子。简直是个称职的奶娘!待母猫从麻醉中苏醒过来,可以自己照顾自己时,梅根开心地退到一边,欣慰地晃荡着尾巴瞅着这美满幸福的一家子。

还有一天,一只患了肺病的雪貂被送到医院,每天,梅根都用鼻子近乎顽皮地将雪貂拱来拱去,以便能让它站起来。然而,雪貂喜欢咬人,它用尖细的牙齿咬梅根的鼻子。可即便鼻子被咬破出血,梅根也没有放弃这份它认为必要的职责。一个星期后,雪貂就痊愈了,脾气也变得温顺多了,梅根再次成功地施展了它无往不胜的魔力。

随后,梅根参加了我和未婚妻芭芭拉的婚礼。

悄然滚落的泪珠

春天的一个风和日丽的上午,梅根在后花园里同小鸟嬉戏追逐时不慎绊了一跤。一周后,我发现它的右前腿隐隐约约有些跛。X光检查的结果证实了我的惶恐不安:骨癌!我真希望那天是4月1日。惟愿这消息只是上帝同我开的一个小小的玩笑,可残酷无情的现实不容我幻想和回避。

肿瘤愈长愈大,我已经束手无策了。

从发现梅根身上的肿瘤到现在,四个月过去了。这天它有气无力地趴在那里,饭食不思,静静地等待最后那个时刻的到来。

我和芭芭拉在梅根面前缓缓地跪下来。芭芭拉伸出发颤的手怜爱地抱起梅根,用手指细细地梳理着它的皮毛。当我返身取回皮下注射器时,眼前的一幕令我霎时如五雷轰顶,梅根似乎想举起前爪和我们挥手作别,然而没有成功,它无可奈何地闭上了眼睛。芭芭拉摇晃着它泣不成声,一如失去了自己心爱的孩子。

　　一条受到人类照顾的狗竟然能将爱"呼叫转移",对其他病弱的动物给予关怀照顾,这是一个怎样的叫人难以置信的奇迹!

　　1.作为一条狗,梅根对小羊羔、母猫等这些小生灵充满了爱。你认为梅根的这种爱从何而来?

　　2.从全文来看,作者要表现的是梅根性格中与人相通的那种灵性、那种爱,但文章却用了近三分之一的篇幅写梅根的得救。作者为什么要这样架构文章?

　　3."梅根"真的存在吗?为什么?

爱 的 旅 程

◆晨 义

　　　　它牵挂着几个孩子——小刺猬。想它们,想着
　　　　想着,就回来了。

黄昏时分,马车抵达这座百里远的小镇。

"要在这里住一夜了。"父亲看着儿子,拍了拍"栗子皮"浓厚的鬃毛。妻子病故,除了12岁的儿子,这匹马是他生命中的一份珍宝。

"行。"儿子从车上抱下铺盖卷儿。今年,乡村学校也放暑假了。他跟父亲出门拉脚儿,锻炼锻炼。西望行程,落日在群山之间驾起独轮车,如赤炭中的烧铁,大片的红与大片的黑辉映一体,透射出苍茫和沉重。

49

"拿些料喂喂它。"父亲吩咐。儿子拖下条麻袋,里面沙沙作响,是寸步不离的麦糠。就在他向外掏麦糠的时候,一只大刺猬滚了出来,扎疼了他的小手。

"哎呀!爸爸你看——"

"什么啊?"父亲走过,发现地上花白的刺猬,"咳,怎么连它也带来了?"

家中有垛麦糠,里面住着一窝刺猬,母刺猬和它的三只才出生的小刺猬。这就是那只母刺猬。一定是装麦糠没注意,将它装了来。"怎么办啊?"儿子停下手。

能怎么办呢?父亲摇摇头:"不好,家中还有三只小刺猬哩。一天了,那么小。"

"我们要明天才能回去。"儿子脸朝西转,叹了口气。

"最快也要这个时候到家。"父亲扫视夕阳。

"它们会饿死吧?"

"一天一夜,很有可能,也不一定。先把它装进去,明天咱早点儿回家。"

月出东南,像墨绿的麻地里钻出个光脊梁,呈现铜的色泽和质感。"栗子皮"静静地嚼吃麦糠,有时也打响鼻。那迷人的沙沙声,散发出一股幽幽的气息。

父亲坐着,一口接一口哒哒地吸雪茄,吸得满腹苦香。妻子临走,抓住他的手说:"你要照看好孩子。"这还用说吗?我的儿子!可他当时什么也没说出,只一个劲儿地掉泪。现在想想,多可惜。"放心吧!你还不放心吗?"他时常这样自言自语,似面对暗中的她。让儿子跟着出来,并不是叫他干活,主要是怕儿子孤单,省得自己牵挂。看到儿子,他就浑身是劲儿,仿佛看到了美丽的妻子。

儿子也没睡着。他仰卧席上,盯着父亲的背出神。母亲去世后,父亲胡子长了,话少了,但对他却温柔百倍,有时"柔"得让他不习惯,受不了。"多好的爸爸啊!这么累,这么疼我。我要听话,多帮他干活。"他默默地想,跟父亲出门,是他乐意的。一来能帮父亲,二来呢,他觉得父亲在哪里,家就在哪里。"你饿了吧?"父亲问。

"不饿,你呢?"

"我也不饿。"

"那就睡觉吧,翻山越岭跑了一天,挺累,睡吧,明天还得早起。"疲倦如同烈性白干,使他们沉睡了过去。

第二天清晨醒来,儿子想起麻袋里的刺猬,打开一看,刺猬没有了。

"刺猬呢?爸爸,刺猬呢?"

"跑了吗?找找。"

车上车下没有,四下里找找还是没有。"跑哪去了?这个家伙。"父亲不打算再找了,"耽误事儿吧?你看!小刺猬是白搭了。"

"胡乱跑!"儿子有些愤恨,骂那只刺猬。停了一会儿,他问:"小刺猬好喂吧?"

"提那个干什么? 也可能没事儿。"

儿子点点头,怀着一腔惋惜,不再说话。黄昏时分马车终于返回小村。儿子跳下车,跑去看那三只小刺猬。

"爸爸!"儿子惊叫道,"大刺猬回来了!"

"是吗?"父亲慢慢走近,"哪里? 真是它吗?"

"是! 是它。"

"像!"父亲伸手捧起刺猬,"咦? 它怎么回来的? 百十里山路啊! 了得!"

"血! 爸爸你看它肚子上有血。"

"对,它是爬回来的,磨破了。也不知道回来多久了。百十里地,翻山越岭,连滚带爬啊! 这家伙真厉害。"

"它怎么认得路呢? 这么远,还在麻袋里。"

"就是呀,怎么认路呢? 奇怪,就是人,也没有这种好记性。它牵挂着几个孩子——小刺猬。想它们,想着想着,就回来了。"父亲边寻思边解释。

"再远它也能认得路吗?"

"嗯。当娘的就这样,真不孬。"父亲只顾感叹,没留意儿子俊秀的双眼已泪光粼粼。

一个失去妻子的父亲,对儿子百般呵护,因为怕儿子寂寞,于是把儿子带上旅途。

一只"误上了车"的刺猬母亲,记挂着家里的三个子女,翻山越岭,连滚带爬,赶了百十里地,终于回到子女的身边。

人和动物的情感竟然有着如此惊人的相通相似之处!

让我们向这位父亲,更向这位母亲鞠躬。

让我们向这种无怨无悔的爱鞠躬!

1.这个故事有哪两条线索?它们之间是用什么串起来的?

2.爱的旅程有终点吗?

3.文中有两处景物描写,找出来仔细品味。

母狼的智慧

◆毕淑敏

母狼全力向相反的方向奔跑，以一死换回孩子的生。

"仅次于人聪明的动物是狼。"

一位老猎人，在大兴安岭蜂蜜般黏稠的篝火旁，对我说。猎人是个渐趋消亡的职业，他不再打猎，成了护林员。

那是我年轻的时候啦……老猎人舒展胸膛，好像恢复了当年的神勇。

狼带着小狼过河，怎么办呢？要是只有一只小狼，它会把它叼在嘴里。若有好几只，它不放心一只只带过去，怕它在河里游的时候，留在岸边的"子女"会出什么事，于是狼就咬死一只动物，把那动物的胃吹足了气，再用牙齿牢牢紧住蒂处，让它胀鼓鼓的好似一只皮筏，它把所有的小狼背负在身上，借着那救生圈的浮力，全家过河。

有一次，我追捕一只带着两只小崽的母狼，它跑得不快，因为小狼脚力不健。我和狼的距离渐渐缩短，狼妈妈转头向一座巨大的沙丘爬去。我很吃惊，通常狼在危急时，会在草木茂盛处兜圈子，借复杂地形，伺机脱逃，如果爬向沙坡，狼虽然爬得快，好像比人占便宜，但人一旦爬上坡顶，就一览无余，狼就再也跑不了。

这是一只奇怪的狼，也许它昏了头。我这样想着，一步一滑爬上了高高的沙丘。果然看得很清楚，狼在飞快地逃向远方。我下坡去追，突然发现小狼不见了，当时顾不得多想，拼命追下去。那是我生平见的跑得最快的一只狼，不知它从哪儿来那么大的力气，像贴着地皮的一支黑箭。追到太阳下山，才将它击毙，累得我几乎吐了血。

我把狼皮剥下来，挑在枪尖往回走。一边走一边想，真是一只不可思议的狼，它为什么如此犯忌呢？那两只小狼到哪里去了呢？已经快走回家了，我决定再回到那个沙丘看看。快半夜才到，天气冷极了，惨白的月光下，沙丘好似一座银子筑成的坟，毫无动静。我想真是多此一举，那不过是一只傻狼罢了。正打算走，突然看到一个隐蔽的凹陷处，像白色的烛火一样，悠悠地升起两道青烟。

我跑过去，看到一大堆干骆驼粪，白气正从其中冒出来。我轻轻扒开驼粪，看到白天失踪了的两只小狼，正在温暖的驼粪下均匀地喘着气。地上有狼尾巴轻轻扫过的痕迹，活儿干得很巧妙，在白天居然瞒过了我这个老猎人的眼睛。

那只母狼,为了保护它的幼崽,先是用爬坡延迟了我的速度,赢得了隐藏儿女的时间,又从容地用自己的尾巴抹平痕迹,并用全力向相反的方向奔跑,以一死换回孩子的生。

狼在我们这个民族是被憎恶的对象。不是吗?狼心狗肺、狼子野心……哪一个关于狼的词语是褒义的?!蒲松龄在《狼》中更增添了它一条罪状:狡诈。其实,这对狼是不公平的。幸好毕淑敏发现了母狼的智慧。受此启示,我们能不能把蒲松龄的那两匹狼的狡诈也当做一种动物的智慧呢?

1.这是一只傻狼吗?怎样看待它的"犯忌"行为?

2.文中称"仅次于人聪明的动物是狼",作者这么说有什么根据?你同意吗?

3.文学作品所描写的动物往往会被作家赋予人的品格,如称狼"聪明"或"狡黠"、"勇敢"或"凶残",用词的褒贬区别都是由作者的立场和情感态度所决定的。你觉得科学家会用怎样的词语来描绘狼这样的野兽?在他们所写的文章中是不是有时也会带有一些情感倾向?试举例说明。

与猩猩谈判

◆[美]梅·贝勒

这个故事再一次证明了爱完全可以超越人与动物的界限……

我的女儿投入了大猩猩的怀抱

自从我与丈夫托德分手后,女儿韩娜便成了我孤寂生活中的惟一寄托。每个星期天,我都要带她上动物园,女儿特别喜欢动物,尤其喜欢动物园里的那只大猩猩苏基。四个星期前,苏基生下了一只小猩猩莫利,韩娜更是迷上了它们母子俩。

韩娜是个不幸的孩子，今年只有6岁，在她周岁时，一场脑膜炎夺去了她的部分听力。不过，女儿很聪明，她很快就学会了手语，每次到动物园看苏基，她都亲热地用手比画着，大猩猩也友好地用手臂朝她挥舞，每当这个时候，女儿总是高兴地在我身边直跳："妈妈，它认识我，它说我们是朋友！"

1999年4月的第一个星期天，是个春暖花开的日子。我和韩娜又像往常一样来到这座位于我们家附近的德州桑地莱动物园，我们直奔苏基居住的围栏前，女儿靠近围栏，寻找着苏基和它的孩子莫利。

然而，我们只看到了苏基，只见这只大猩猩孤身而立，它那长长的手臂伸向天空，用一双悲哀的眼睛看着韩娜。这时，一名推着动物食品车的管理员走过来对我们说道："可怜的苏基，它刚刚失去了孩子，莫利昨晚不幸夭折，现在苏基既不吃又不喝，正陷入极度悲伤之中。"

在我将苏基的不幸告诉女儿后，韩娜的神情立即黯然起来，她慢慢地向苏基打着手语，表示自己在为它的不幸悲哀，大猩猩也将手臂伸向天空，不停地呜咽着，似乎在说："我要我的孩子。"

见到此情此景，韩娜哭了起来，她向苏基伸出了手臂，似乎在说："不要悲伤，我会经常来看你的，你就把我当成你的孩子吧！"

大猩猩一双悲戚的眼睛看着韩娜，缓缓地走来，这时惊人的一幕发生了，韩娜不顾一切地爬上围栏准备去安慰苏基，我赶紧跑上去，可还未等我去将女儿拉下来，大猩猩已迅速伸出手臂，将韩娜抱在怀里，随后快步朝它居住的那块大石头走去。

"天哪！"我尖叫一声，看到这一幕的人也惊呼起来，正当我不顾一切地要跨进围栏去夺回女儿时，一名动物管理员抓住我："夫人，太危险。你不能去！"

我浑身颤抖，恐惧地看着石头后面大猩猩的头，韩娜的金色头发在忽隐忽现，我在心底不停地祷告着："上帝啊，请不要让猩猩伤害我的女儿，请不要让它将我的女儿弄窒息。"

这时，动物园的一名官员赶到，他安慰我说："我们一定会将你的女儿解救出来的，但我们必须格外小心，我想这只可怜的猩猩一定是想用你的女儿填补它昨晚夭折孩子的悲伤。我们现在千万不能惊吓它，我已经打电话叫一名动物学家火速赶来，她与这只大猩猩关系很好，而且一直在教它手语，她可能在一小时后赶到。"

"一小时！我的孩子随时都有生命危险，你们必须现在就采取行动！"我情绪激动地叫道。

那名官员依然平静地对我说："夫人，相信我，这是我们现在惟一能做的，在目

前情形下,我们不能激怒猩猩,否则,它可能真的会伤害你的孩子。现在你看,苏基对你的孩子十分友好。"

我抬眼看过去,几乎不敢相信我的眼睛,只见韩娜的脑袋靠在猩猩那巨大而悲戚的面庞旁,而苏基呢,正在轻轻地用手梳理着韩娜的头发。此刻,女儿根本就未意识到她的处境有多危险,难道说,她与苏基真的心有灵犀?

然而,动物的情感反复无常,我仍然担心女儿会遭遇不测,我现在只希望女儿不要惊慌,希望那名动物学家能尽快赶来。

动物学家与猩猩的"谈判"陷入僵局

时间在不知不觉中流逝,突然,另外两只雄猩猩朝苏基所待的地方走了过来,它们挥舞着前臂,彼此嘀咕着什么,似乎很生气,我的心抽紧了:它们是否会攻击韩娜?也许它们将韩娜当成一个异类,要从苏基怀里将她抓走。

所有人的心都忐忑不安,现场一片死寂。那两只虎视眈眈的雄猩猩离苏基越来越近,只见苏基并不慌张,它将怀中的韩娜换到左臂上,然后高高地举起右臂,示威般地吼叫起来。

从我站的围栏外,我能够看到女儿脸上的惊恐之色。上帝,千万让她保持平静!千万别让她哭!此刻,我看到苏基仍一手搂着韩娜,另一只腾出的手则去捡地上的一块大石头,然后用超人的力量将石头掷向那两只来犯的猩猩,也许是被母猩猩的这一无畏之举镇住了,那两只猩猩悻悻离去。然后,苏基像安慰自己的孩子一样,开始轻轻地拍打正在轻声哭泣的韩娜。我想在经历了刚才那一幕后,女儿可能感到有些害怕了,我在心里不停地祷告:宝贝,坚持住,解救的人快来了。

时间过得真慢,一分一秒都那么难熬。终于,我看到一个身材苗条的年轻女子向猩猩园里走来,我知道她就是期待中的那名动物学家,我真想向她大喊:"快点儿!快点儿!"可担忧已让我说不出话来。看着她沉默不语,慢慢走向苏基所在的那块巨石时,我大气都不敢出。她终于靠近了猩猩,并开始向苏基打手语,苏基满脸狐疑地看着动物学家,显然在猜测她的真实意图。

此刻,现场的气氛紧张极了,韩娜已停止了哭泣,但事情好像陷入了僵局,苏基显然不情愿将韩娜交给动物学家。

这时,太阳正在落山,我的担忧也随着黑夜的降临而加深。不一会儿,那名动物学家转过头对身边的一名保安说着什么,然后,这名保安走到我站的地方,向我问女儿父亲的名字。"为什么?"我被弄糊涂了。

"贝勒夫人,你的女儿处在危险中,解救行动出现僵局,也许孩子的父亲在这里会有些帮助。"那名保安说道。突然,我感到自己此刻是多么需要托德在我身边,尽管他已不再是我的丈夫,可他仍然是孩子的父亲啊。在我生韩娜时,他曾在我的产床旁守候了几个小时,此刻我也需要他站在我身边。我赶紧告诉了工作人员托德的名字和电话号码。

接着,那名保安又对我说道:"芭芭拉,也就是那名动物学家说让你进去,不过,请你千万不要弄出声响,她正在努力告诉苏基说你是她的朋友,要它将它的新孩子显示给你看。你要相信芭芭拉,她已经和这只猩猩交往十年了,她一定会说服苏基将女儿还给你的。"

当我走到离苏基约10英尺远时,大猩猩朝我投来不信任的一瞥。芭芭拉向我微笑,她的脸色灰白,但声音却温和而坚定,韩娜看着我,就像一只无助的小猫。

芭芭拉正在给大猩猩打手语,那意思似乎是说:"苏基,能够将你的孩子给我的朋友看一看吗?"韩娜也向我和芭芭拉做着手势,可苏基依然一动不动。

接着,芭芭拉又向苏基示意:"你的孩子饿了,能拿点儿东西给她吃吗?"说完,她将保安带来的食物递过去,然而,苏基还是岿然不动,只是将韩娜抱得更紧了。

大猩猩终于放下了我的女儿

夜幕降临了,工作人员将一盏明亮的电灯挂在猩猩园之上。我看到了电视台的转播车和手持话筒的主持人,心中未免有些愤怒:他们来这儿干什么,这些人说不定会将事情弄得更糟。我看到在猩猩的怀抱中待了几个小时的韩娜已非常疲乏,我也精疲力竭,可我此刻是多么想将女儿抱在怀里啊。这时,芭芭拉拿过一个大碗,将几根香蕉和几个橘子显示给苏基看,然后打着手势:"你看多么美味的食物,你也饿了吧,在你吃东西时,我能抱抱你的小家伙吗?"

有那么一瞬,猩猩瞥了食物一眼,显然它也饿了,然而,它最后还是摇了摇头,它仍不想让芭芭拉带走韩娜。

这时,一名保安轻轻地对我说:"夫人,你的丈夫到了。"

听到这话,我的鼻子一酸,我并不想纠正保安的错误,我只觉得胸中一阵暖意,似乎重新获得了一股力量。现在,我不是孤独的,有个同样爱韩娜的人也在我身边和我一同祈祷。我不明白芭芭拉叫来托德的用意,但我知道她的这一行为是对的,她是想让我们有信心走过这场危机,因为,有时候,家庭的力量能让我们更坚强。

随着时间的推移,我能感觉到这只大猩猩的情绪越来越不稳定,因此,此时的情势也更加危险。也许苏基会将韩娜藏到石头背面后再来吃东西。也许,它最终明白韩娜不是它的孩子,而气恼地将她砸向石头。谁知道在这只猩猩的脑子里会想些什么呢?它真的能看懂芭芭拉的手语吗?

正当我深感不安时,我突然听见芭芭拉深深地吸了一口气,然后,我看到苏基正用一只手臂去抓香蕉,可它的另一只手却比先前更紧地抓住韩娜。这时,我那虽疲惫不堪但仍勇敢顽强的宝贝女儿将小手伸出来,然后镇静地在猩猩的面前打着手语:"你的宝贝现在非常饥饿,你能让我下来吃点东西吗?"猩猩显然在"聆听",它似乎懂了女儿的意思,然后它转向芭芭拉,示意她让我赶快离开这里,这对我来说的确很艰难,我每退后一步都强忍着满眼泪水,可我别无他法,只能将我孩子的命运交给一只猩猩和一个我并不认识的妇女。我知道,如果苏基觉得它的"孩子"有危险,它是不会让韩娜离开它的。可我呢,那可是我的孩子啊,我泪眼矇眬,几乎昏倒,只得浑身颤抖地扶住保安的手臂。

这时,透过晶莹的泪花,我看到一个男人伸着手臂向我走来,那是托德。他紧紧搂住我,我们的泪水融合在一起,托德安慰着我:"他们一打电话我就赶来了,我一直在这儿祈祷,我想它会放了我们女儿的,我们要有耐心。"

"可是,那只猩猩抱着我的女儿,却还要让我走开,那是我的女儿啊,我怎么能像木偶一样听它使唤呢。"我几乎歇斯底里般的哭诉着。

托德轻轻说道:"亲爱的,你做得对,你走开后,它会放下韩娜的,它是怕你带走它已认为是它的孩子。"

果然,半夜时分,当猩猩认为没有什么对它和"孩子"构成威胁后,它终于将韩娜放在地上准备给她喂食,当苏基去取一个苹果时,芭芭拉悄悄示意韩娜快跑,敏捷的女儿撒腿就跑,一名在石头后面的保安立即给苏基打了一针镇静剂,苏基手舞足蹈了一会儿便倒在地上。

托德迅速跑向女儿,将她一把抱在怀里,人群中传来一阵欢呼声,在大猩猩怀里待了10个小时后,韩娜终于回到了我的身边。随后,猩猩园上空的灯光慢慢变暗,我感到心力交瘁,眼前一黑便什么也不知道了。

翌日,本城的所有报纸和电视台都详细报道了韩娜和苏基的故事。其中有一篇文章这样写道:"在我们这个充满冷漠、敌意和仇恨的世界上,星期天晚上的桑地莱动物园却上演了一场既惊心动魄又感人至深的一幕:一只丧子的大猩猩和一个听力部分失聪的小女孩在一起度过了10个小时,孩子不顾一切地要去安慰猩猩,而那只母猩猩则一直十分小心地护着孩子直到最后将她放下……这个故事再一次证明了爱完全可以超越人与动物的界限……"

在经过这一事件后,我和托德的爱也复苏了,我们终于认识到,横亘在我们之间的那道裂缝并非不可弥合,我们又重新走到了一起。

大千世界真是无奇不有。

一只丧子的大猩猩竟会和人一样深切地感受到丧子之痛,以至于把一个充满了爱心的小女孩儿抢来填充它天折孩子的悲伤。面对这样一只大猩猩,谁还能说动物没有喜怒哀乐呢?

1.你对猩猩有什么感觉,是喜欢、厌恶,还是恐惧?

2.动物能将人类的孩子当成自己的孩子,人类能将动物的幼仔当成自己的孩子吗?

3.你认为爱可以超越人与动物的界限吗?谈谈你的看法。

人是最聪明的动物。

人又是最怕寂寞的动物。

人类接近动物、饲养动物，往往出于不同的目的，但却演绎了一个又一个与动物亲密接触的故事……

与动物亲密接触

　　它飞回来了,历经7个多小时,它满身灰尘,羽毛凌乱,只有漆黑的眸子,洋溢着勃勃生气。它了解了天空,了解了树林,也许,更多地体会了饥饿和劳累。经历了冒险和拼搏,它选择了回来。而且,它也真的找了回来。或许是不舍雌鸟的那份温情;或许,是它熟悉的蔡琴的歌声为它点明了迷失的路径……

　　一切都不得而知。

　　只是,这之后它们居住的鸟笼再没有门了,它们可以自由飞出去,然后再回来。

　　并不是只有鸽子才同时享有自由飞翔和与人共友的权利。

　　　　　　　　　　　——选自《相思鸟》

走近狮子

◆［新加坡］尤 今

在狮子的世界里，是"男权至上"的。

在我们欢畅的笑声里，科尔突然停下了车子，来个鲤鱼翻身，飞跃下车。

我们以惊讶的目光追随着他，他指着留在地上一道一道的爪印，说："瞧，狮子的足迹。"

哇，狮子！我霎时产生了一种毛发悚然的兴奋。

科尔跳上车来，说：

"现在，我将循着狮子留下的足迹搜寻它的踪影。狮子最痛恨无端地受到骚扰，所以，你们待会儿看到它，千万得保持镇定地坐在车子里面，不要动。去年，有两名游客，看到狮子懒洋洋地躺在地上，一时兴奋，全然忘了危险，跳下车，趋前去拍照，狮子马上跳起来，扑过去，又抓又噬，两个人，当场死于非命！"

一番话，说得我全身起鸡皮疙瘩。

车子循着狮子的足迹驶着、驶着，我在逐渐加速的心跳里四处张望，那种既爱又怕、既怕又盼、既盼又急的心情十分刺激。明明要见的是凶猛无比的狮子，偏偏生出了会晤初恋情人的心情，那种感觉，异样的不调和，也异样的奇特。

突然，非常非常突然的，车子的速度显著地慢了下来，慢慢慢慢地，最后，停了。

万籁俱寂，惟有那风，若有若无地发出了断断续续的悲鸣。

就在距离眼前三十来米的地方，坐着三头硕大无比的狮子。两只雄狮，正津津有味地吃着一头捕杀不久的非洲大羚羊；一只雌狮，垂涎欲滴地坐在一旁看。

"有东西吃的狮子，是安全的狮子。"科尔轻声说着，重新发动车子，朝近距离的狮子驶去。哇，简直在太岁头上动土嘛！我惊骇欲绝地想道。胆大包天的科尔，将车子愈驶愈近，我屏住呼吸，好似连心跳都停止了。最后，车子在距离狮子十来米处停下，我连狮子脸上的毫毛都看得一清二楚。

三头狮子同时抬头朝我们的车子看，这时，那头饥饿的雌狮觑空把头朝猎物那儿伸过去，想美美地分一杯羹，没有想到，两头雄狮突然凶神恶煞地怒吼起来，声震山宇，连车子也动摇了。我吓得脸青唇白、汗毛全竖，直想弃车而逃。就在这千钧一发之际，手执活动拍摄像机的詹，不肯"坐"失良机，霍地站起身来，拍。科尔脸色大变，以极快极快的手势把他扯回座位，用紧张的语调低声说道：

"千万别站！你知道吗，在视觉里，狮子误以为整辆车是一个陌生的个体，我们四周虽然没有任何遮蔽的东西，但却是相当安全的。你一站起来，狮子便会认出人的形体，再加上你不断地动来动去拍照，它们为了自卫，会一起发动攻击的！"

噫！差一点儿在咫尺之遥的近距离里，成了狮子口中的佳肴！

"在丛林里活动的狮子，最爱吃肉多而味美的斑马，其次是非洲大羚羊。"科尔把嗓子压得很低很低地说道，"只有那些既老又瘦的狮子，无力捕杀上述动物，看到手无缚鸡之力而骨头又特多的人类，才会食欲大起。"

有趣的是，在狮子的世界里，是"男权至上"的。捕获了猎物之后，往往是雄狮先吃，吃够了之后，才轮到雌狮。刚才那头雌狮，想"不按牌理出牌"，难怪两头雄狮要"大动肝火"了。狮子平均享有 10 至 12 年寿命，它们之间，常常会为了争夺地盘、霸权、异性而大打出手，有时，甚至因妒忌作祟而把母狮所生的小狮活生生地咬死！

眼前这两头雄狮，有滋有味地吃，吃得嗦嗦作响；那头雌狮，乖乖地坐着、静静地看着，圆圆的狮眼，竟难以遏制地流出几许悲伤。

这时，科尔指了指前方，说：

"嘿，看！"

丛林的另一边，缓缓地走出了另外两头狮子。科尔仔细瞧了瞧，忽然发动引擎，迅速把车子开走。

他一边灵活地转动着驾驶盘，一边说道：

"这两头狮子，目光凶狠，而且，尾巴直竖，恐怕不怀好意！"顿了顿又说，"从事我们这一行的，要步步为营、事事小心；因为我们所面对的，是缺乏人性的禽兽。退一步来说，就算我熟悉了动物所有的特性，却也无法百分之百地掌握它们的脾性，当有一天碰上它们脾气不好而我警觉性又不足，就完了！所以，我们必须眼观四方、耳听八面；不是表层地看，也不是随意地听，而是深层地看，细微地听！"

我的心，依然沉浸在刚才那种恐惧与兴奋交替的奇特感觉里，科尔感同身受，高兴地说：

"你们的运气真不错，第二天便有机会看到林中之王了。有些人，住上整个星期也一无所获呢！当然，除了运气之外，和天气的冷热也有一定的关系。今天气候阴凉，狮子出来四处走动，碰上它们的概率相当的高。平常气候炎热，它们躲在丛林深处休息，踏破铁鞋无觅处哪！"

正说着，赫然又看到了一群狮子懒洋洋地躺在一棵大树底下。

听好，是一群，不是一头！

科尔又来个故伎重施，把车子驶得近近的。我可以听到血液汩汩地在我体内流动的那种声音，我可以感觉到凉气在我体内漫开的那种阴寒。手心，大量地沁出了冷汗；双足，不听使唤地簌簌抖着。这时，左边、右边、前面、后面，竟都闲闲走出了一头又一头的狮子，我们的车子，在不知不觉间，陷入了狮子群的包围中。我的眼睛，不由得紧紧地盯着吉普车上的那把来复枪。大家都没有说话，空气里，氤氲着一种濒于爆炸边缘的紧张气氛，十分恐怖。葬身狮口那种鲜血淋漓的残酷景象，一再地在眼前闪现，老实说吧，此时此刻，我真想化作一缕轻烟，飞掉、化掉、溜掉、消失掉。撑着撑着，撑了约莫20分钟，科尔才发动了引擎，慢慢地离开。群狮以目远送，而我们，在松了一口大气的同时，心里也升起了一种"此景不再"的惆怅。

狮子素有森林之王的称号，它们凶狠勇猛，百兽皆惧。但"我们"在科尔的带领下却短距离地接近狮子，既看到了撕啮捕杀猎物的狮子、目露凶光的狮子，也看到了懒洋洋躺在大树底下的狮子，他让"我们"在有惊无险的氛围中领略到了既让人毛骨悚然又极富刺激的场面。

全文心理描写真切，令读者感同身受。

1. 从哪里可以看出狮子最痛恨无端地受到骚扰？

2. 狮子的凶残特性从哪些地方可以看出？

3. 你近距离地观察过狮子或其他猛兽吗？当时的心理如何？试用一小段文字加以描述。

懒 猫 百 态

◆（台湾）颜元叔

娇养之下，懒猫已经懒得与鼠类为敌。

乱世之人不如狗；治世之人，却也不如猫。此话怎讲，有猫为证。大概两三年前，我推开侧门，踏入后院——所谓后院，不过是厨房与厕所挤剩的小过道而已——骇然发现垃圾桶里，死了一只大猫；后半身挂在桶外，头及前躯全栽入垃圾里。是谁胆敢把死猫抛入我家后院，而且武功如此，竟准确投入一尺见方的垃圾桶里！我正在诧异，却见死猫的后脚爪在桶壁上抓爬了几下。还没有死？赶快营救，否则要给垃圾闷死！我拾起脚边半截晒衣竹竿，往猫儿的胯下一拨，想把它从垃圾桶里拨出来；说时迟，那时快，霎时死猫变活猫，活猫变凶猫；但见虎头蛇腰，连带各式垃圾，从桶内一喷而出，转眼便上了墙头，上了屋顶，上了屋脊；回过头来，它凶狠俯瞰着我，而后，"妙呜"一声，以鄙夷的虎步没入千檐万瓦的苍茫的世界。

　　原来它不是死猫，是活猫，不但是活猫，更是野猫，趁人不备，溜进我家后院，单凭自己的本事，单凭自己的机智，"荒野求生"，果腹充饥。我有些歉意，难道垃圾也不分它一羹？台湾富庶，有的是垃圾，我家虽不富庶，养活一只猫的垃圾还不缺。欢迎你随时光临！我向消失在苍茫世界的"瓦上飞"，无声地喃喃着；却也无法忘记它临去时那一眼光，那挑战性的一声"妙呜"。后来，太太也到了后院，大概发现我仰望云天，一副憨态，问我是怎么搞的。我说："我刚才赶走了一只野猫，它好凶啊！"我是憎恶还是赞美呢？连自己也莫名其妙。想像那千檐万瓦的苍茫世界，想像那矫健的活力，想像那无声的跳跃，想像那坚强的求生意志，想像那独来独往的嶙峋骨气……怎么了，我大概是武侠片看得太多了吧。

　　倒不是标准丈夫，不过假日我喜欢陪太太上菜市场。我们上的菜市场，不是什么"顶呱呱"之类的不太超级的超级市场——上超级市场，必须先住进超级公寓。我们住的公教宿舍，二十坪有余，三十坪不足，充其量只能上南门市场。大多数时节，只在附近的小摊贩上，买点儿什么变色的排骨，眼睛泛白的鱼，阴沟水泡过的青菜，皮厚肉少包开不包退的西瓜等等。我喜欢游览菜市场的风光，熙熙攘攘的人，层层叠叠的菜，剥虾壳的敏捷手指，手起刀落的砍肉技术……此外，在菜篮逐渐加重之际，也替太太分担一点儿(假使菜篮不重，我是宁可把两手交在背后，作"士大夫"状，笑看太太的粗手指捏遍每根豆角，秃指甲敲响成排的西瓜)。上菜场是件愉快的事：目击台湾的富庶，甚至流冲到三四流的市场，心中也觉得结实。然而，惟一不太愉快的事，便是每到人吃的菜买齐，太太总不忘记踅至鱼摊，为猫儿买一条臭黄鱼，或者讨一小袋免费的鱼内脏，因为，那只当年的野猫，已经登堂入室变成家猫，家猫变成驯猫，驯猫变成懒猫，懒猫变成贪猫。它已经到了非鱼不食的境界：若无鱼，你可在它的"喵，喵，喵"抗议声中，依稀听出："长铗归来兮，食无鱼。"

　　究竟那只野猫，经由何种进化过程，终至演变成舍下的座上宾，我也不甚了了。反正，如今每当饭菜上桌，它若在室外，必定双爪抓住纱门，拍得门框砰砰作响；它若在室内，礼貌的时候，它在桌下左盘右旋，不耐烦的时候，孟尝君尚未上桌，它已高踞一椅，前爪往桌沿一搭，睁开那难得睁开的眼睛，向菜碗观察一通，若是发现鱼虾缺货，则突然落席而去。当然，好心的主妇(其实，我太太绝非猫迷)，必定为懒猫准备一碗"鱼腥饭"——此饭似乎尚未列入粤菜馆的"群饭"之中,可惜——让它闲逸、完全、尽情地吃了;然后,它就去躺在榕树的浓荫之中,整条背摊平在凉爽的水门汀上,整个肚皮在微微的风里,你走过去,用鞋底或脚底轻轻踩踏它的腹部,它连眼皮也懒得提一提,只是轻哼着:"妙呀,妙呀,妙呀。"

台湾的冬天虽不成其为冬天,要冷的时候也令你渴求冬天里的太阳。冬天一家之内,何处最暖?最暖之处,当数电视机上。为何电视机上最暖?电视机若不最暖,为何懒猫老是蜷睡其上?只要我们一开电视机,它就往电视机上一跳,我们看电视,它蜷成一团儿,睡得甜,睡得久,睡得超然。任你中东大战,任你水门事件,任你审判贪污,如乌来瀑布从电视泻出,它合眼长眠,不抖动一根睫毛——有时,你自己也想到电视机之上,超然睡他一睡。一头猫的睡劲儿,真如长江大河,气势磅礴。猫儿白天睡觉,理所当然,可是,这匹懒猫之贪睡,白日与黑夜不分。人未上床,它就已寝;人已起床,它尚昏睡未醒;人们忙于谋生,它在睡眠中消化食物。除非肚里唱空城计,诸葛亮的男高音唤醒,否则它是一径滞留梦乡,了无归意。人在饱餐之后,得散散步,消化消化,可是它是兽,哪懂得人间道理:"饭后百步走,活到九十九。"它的卧榻随季节而更换地点——正如王公将相之有春宫、夏宫、秋宫、冬宫。冬天,懒猫的寝宫是在电视机上,固不待言;春天,它便移榻藤椅;秋天,沙发是它的龙床;如今盛夏当头,它的寝宫移到磨石地上。人之睡眠,春夏秋冬,只是一张床,就算冬天加毛毯,夏天铺草席,比较懒猫之善于调摄,相去千里。

至若猫的睡姿,更是多样,稀奇古怪,无所不有。我曾经仔细观察过这头懒猫的睡眠方式,不下百余种。兹举几种最特殊者,以为例证。春夏之交,懒猫睡在沙发上,正好我的西服上装也放在沙发,那懒猫既以沙发为床,复以我的上装为褥,最荒唐的是它把整个头部,塞入上装的口袋里!究竟它是嫌我家空气不好,以口袋为防毒面具?还是以口袋为眼罩,以免强光刺眼,骚扰它的瞌睡?我没有来得及问清楚,但觉一时气笑不得,一声吆喝,它四腿爬起来就奔,结果头部更插进口袋,几乎被口袋闷死。月前初夏小施威力,太阳晒得头皮细胞跳舞;中午我自校返家午餐,发现懒猫猫在墙脚下,那地方晒不到太阳,由于浇花之故,地上经常阴湿,当然是避暑的好地方。但是最令人赞叹的是,那懒猫把背脊全部嵌入墙与地的直角中,于是,左边两双腿贴在墙上,右边两双腿贴在地上,头部上仰,头毛全露,连尾巴也平镶在墙地之间。这种因地制宜,把自然条件利用到了化境。我看得发了呆,一时忘了自己的全身大汗,移情作用令我也分享了猫儿的凉爽。

猫儿原是捉老鼠的,猫鼠之间,本有天生敌意。然而,江山易改,本性亦不难移。曾几何时,豢养之下,懒猫已经懒得与鼠类为敌。它不仅不捉老鼠,甚至见了老鼠就逃,颇似当年的军阀碰上日本兵。一天晚上,厨房里出现了一只老鼠,中等大小，并不可怕。我把厨房门窗先关上，请太太把懒猫从电视机上抱下来，往厨房一丢，立即关上门，站在外面静静等着。等了半天，里面毫无动静，我开门一看，懒猫已经睡在瓷砖的灶台，头搁在煤气炉上。一气之下，我冲了进去，拿起棒子先将猫打起，又向柜下罐后乱戳一阵，终于把老鼠赶了出来，乱跳乱闯；这时，那懒猫若果还有一点猫性，应该趁机跳扑过去，替我把老鼠捉住。谁知它竟然狗急跳墙，跳上碗柜，然后在那上面，虎虎喷气，作防卫态势；待我把老鼠赶上柜顶，懒猫从柜顶一跃而下，钻入柜底，依旧虎虎喷气，作防卫态势。我一气之下，不打老鼠，反过头来打猫；太太在门外大概听到猫儿悲鸣，推门进来劝架；于是，猫鼠联袂趁隙闯出，落荒而逃。所谓养猫千日，用猫一时；养得太久，居然不堪一用。

然而，在太太的仁慈之下，懒猫又回到我们的家。它的体重继续增加，皮毛油光闪闪，我怕有一天会长得大如猛虎——只怕是没有猛虎的牙齿，咬不碎一根骨头，只能吃太太手中的"鱼腥饭"而已。无论我多愤怒回家或欢欣回家，无论我是仰天长啸或埋头沉思，那懒猫总是一径睡在树阴下，睡得那么超然，睡得那么宁谧！也许，它已成佛作祖，置身攘攘红尘之外；也许它已获浮生要诀：那便是"多吃多睡"，因此，"无忧无虑"。

心灵体验

文章采用随笔体裁，以养猫琐事散漫写来，笔底雍容，充满幽默生趣。作者写懒猫的食态、睡态以及它面对老鼠的种种狼狈，极尽刻画形容之能事，使人在不禁发笑之余，心生领悟：乱世之人不如狗，治世之人却也不如猫。但是，你愿意做这样的一只猫么？

放飞思维

1.你怎样看待懒猫的"懒"？作者写此文的目的仅仅在于描摹懒猫的懒态吗？

2.你仔细地观察过什么动物吗？它的神态如何？

相 思 鸟

◆戈 雪

　　并不是只有鸽子才同时享有自由飞翔和与人共友的权利。

　　最早知道"相思鸟"的名字,是在川端的一篇小说里,小说写一只雄鸟如何在雌鸟死后,因悲伤孤独抑郁而死。小说写得唯美优雅、如怨如诉,给我留下很深印象。

　　去年秋天,儿子吵着要养宠物,嫌猫狗气味和饲养麻烦,打算买一对鸟。那天刚好遇到一卖鸟人,担了几十笼鸟来大院卖。有鹦鹉、画眉和百灵,其中一种鸟我没见过,长得极娇小,鲜红的嘴,乌黑的眼睛,橄榄绿的羽毛,胸前深黄色,翅膀尖上镶嵌着黑色、鲜红、深黄、淡黄等颜色,渐次展开,交叉辉映,格外美丽,且上下跳跃,轻盈灵动。

　　问是何鸟,卖鸟人答曰:"红嘴相思!"

　　我心一动,认定今天买的就是此鸟了。卖鸟人说:"相思鸟乃鸟中之王,聪明灵气,叫得好听,还喜欢洗澡。"

　　鸟儿放到阳台上,一雄一雌,细看雄鸟个头大,颜色更艳些。天一挨黑,两只鸟就依傍一起,各立一只腿,那种情意绵绵相依为命的缠绵,与川端笔下描写的一样。心想,这鸟是何等尤物,竟如此温情,不枉了"相思"美名。

　　第二天清早,雄鸟"微里归归"、"微里归归"啼叫开来,婉转动听,把邻居家鹦鹉"唧唧"、"唧唧"的叫声逊得如同夏蝉的聒噪。

　　心里欣喜万分。

　　每天回来便饲鸟、赏鸟。相思鸟果然爱干净,新换上饮水,便用嘴吸了,喷湿羽毛,用心地一根根梳理起来,难以自已梳理的范围,就相互清理,姿态优雅从容,好像洗澡是他们最陶醉的事。

　　只是怜悯他们仅用小小一碟水,来洗出一身亮丽的羽毛。一日,见鸟笼实在太脏,突发异想,何不将鸟放出来,将阳台窗关上,待鸟笼洗净后再让他们进去。于是,一对娇小美丽的相思鸟,就在阳台上轻盈地飞来飞去。动物百科上说,相思鸟彩色的翅膀,使得他们成群飞翔时,看上去就像是绚丽的流动的彩云。即使在想像里,这一盛景已经让我神往了。

　　当提着洗净的鸟笼走进卧室,隔着玻璃拉门看到的情景让我惊喜不已。

原来，阳台上放了半盆水，此时，两只鸟儿站在盆沿，左右跳动着迟疑着。显然，他们想到水里痛痛快快洗澡，可又充满恐惧。因为，对于它们——出生在鸟笼里的鸟儿来说，一切都是第一次，第一次自由，第一次面对如此宽的水。它们谨慎，又充满向往，最后，在爱美上，雌鸟显示出了比雄鸟大得多的勇气，她跳进去，扑腾着翅膀。她显然很惬意，用声音鼓励雄鸟也下去，于是两只鸟便在水里扑腾开了。

洗了10多分钟，阳台上到处是飞溅的水花。

鸟笼才放进去，沐浴后羽毛还没全干的鸟儿就自己从打开的门钻进了笼子。并没有如我担心的不归鸟笼。

在人看来，方寸之间的鸟笼，相对于他们可以丈量天空的翅膀来说，就像监牢，然而我忘了：自由固然可贵，可是，饿，使它们别无选择。

从此，每周就放他们出来两次，让小小的阳台成为它们翅膀下的天空。每次，放一盆清澈的水，夏天清凉，冬天温热，看它们戏水，扑腾，相互梳理羽毛，争食时显得霸道的雄鸟，此时极尽温存，耐心为沐浴后的雌鸟梳妆，而雌鸟幸福陶醉地享受着。

最后，在疲惫中，它们双双回到洗净后的鸟笼。

它们就像两个听话的孩子，玩儿的时候，尽情地嬉戏，可是最后还是要回到"家"中。

或许，在它们的思维中，鸟笼就是家吧。

慢慢地，相思鸟表现出来的温顺、聪明和优雅，越来越让我不安。我想，应该让它们回到天空，回到树林，那才是它们真正的家。它们的美只有和大自然联结在一起才会是完美的。甚至，我为它们寻觅到了一个鸟儿的天堂，一处人迹罕至，但草木葳蕤，鸟语花香的去处。

然而，儿子反对：它们不会觅食，会饿死；别的鸟儿会欺负它们。

我说，可它们如此可爱聪灵，却因为我们的囚禁，将永远失去天空。

儿子说：它不知道，也就不会为没有天空而痛苦。

是的，儿子说得也对。但是，我心里生出的负罪感却越来越强。

一个晴朗明丽的秋日，天空一碧如洗，从我所居住的高楼，可以眺望到无垠的天际，浏览这个庞大城市的阵容。

儿子上学去了，我打开了鸟笼，阳台窗敞开着，我要让鸟儿自己自由选择。

如果它们喜欢天空，就让它们飞翔，到它们喜欢的任何一个地方去；

如果它们迷惘，没法面对如此巨大的世界，无法果腹，那么，它们也许还会回来……是的，只是，也许，因为，鸽子可以飞行千里找回家来，而相思鸟行吗？

也许它们俩会在飞行中离散，在孤独和饥饿里死去……

一切并非如我所想。雌鸟表现出异乎寻常的冷静。面对着突然展现在眼前的天空，或许是恐惧，或许是忧虑，它没有飞出去，它停留在阳台的晒衣绳上，而雄鸟站在窗沿上，伸长优美的脖颈，四处了望着，它的喉咙中发出一声低沉的鸣叫，像是极度的欢喜，又像是不舍的告别。尔后，它终于展开美丽的翅羽，向外飞去。它落在对面楼上的一家阳台上，那里是一个花木组成的世界，鸟儿天性喜欢的地方。

我的心突然充满了惜别，恨不得长一只长手，将它挽回，然而，离开了笼子，鸟儿的世界就是整个天空。

雌鸟凄厉地鸣叫起来……

我迅速回屋，翻出望远镜，刹那，美丽活泼的雄鸟又拉至我的眼前，它在花间跳跃，在树木中好奇地探视，发出一声声清脆的鸣叫。主人，一位老妇人出来，雄鸟惊起，扑翅而飞，它朝我们飞来，然而，它偏离了方向，消失在我视线无法企及的楼侧。

它将飞向何方?又将何处栖息?

失去伴侣的雌鸟一声一声凄厉地叫着，我的心也充满着难言的惆怅，永远见不到它了!我把它们拆散了!一对恩爱的相思鸟!

心里恹恹的，失魂落魄。

笑自己太多情，不就一只鸟吗?喜欢再买一只!

可是，我是无法消释被它美丽的飞翔牵得远远的牵挂。毕竟，养了大半年，它熟悉我，每天教完课回家，开门就听到它用欢悦的叫声迎接我。

雌鸟声音喑哑，而今只是悲鸣了。

怅然中面对着无边无际的天空，天空可以任由小鸟展翅，可是，天空也可以将小鸟迷失，在得到自由的同时，也许它就失去了安宁和温馨。对于一个在笼子里长大的观赏鸟来说，它将面对饥饿、寒冷、鸟类的攻击，没有谁教给它怎样筑巢，寻找水源，觅取食物……

自由是相对的，无边无际的自由也会成为无边无际的漂泊。只有在一个固定的点上，天空才会呈现出迷人的美丽，让人无限向往。对于没有归宿的人或鸟来说，自由只是一种奢侈的装饰。

它会怀恋这里的一切，温柔的雌鸟、体贴的主人。其实，它并没有觉得这里生活不幸，是我的自作多情使它流浪天际。

天渐晚了，雌鸟孤独地回到笼子里，呆呆地，黯然神伤。

从学校接回儿子，他一进门就去看鸟儿，我骗他说雄鸟自己啄开门飞走了，儿子失声痛哭。

相思鸟喜欢音乐，尤其喜欢听蔡琴唱的怀旧歌曲，每当一放此碟，它们就翩翩起舞,婉转啼唱。为安慰儿子和自己,我打开音响,蔡琴美妙厚实的歌声便飘进黄昏中我们的愁绪里。

突然,我们听到了鸟鸣,那清脆、婉转的歌唱,我以为是错觉,儿子却说:

"那是雄鸟在叫,它回来了!"

我们奔到阳台,奇迹,果然,雄鸟飞回来了!

它飞回来了,历经7个多小时,它满身灰尘,羽毛凌乱,只有漆黑的眸子,洋溢着勃勃生气。它了解了天空,了解了树林,也许,更多地体会了饥饿和劳累。经历了冒险和拼搏,它选择了回来。而且,它也真的找了回来,或许是不舍雌鸟的那份温情;或许,是它熟悉的蔡琴的歌声为它点明了迷失的路径……

一切都不得而知。

只是,这之后它们居住的鸟笼再没有门了,它们可以自由飞出去,然后再回来。

并不是只有鸽子才同时享有自由飞翔和与人共友的权利。

这是一篇文笔优雅而又舒徐自如的抒情散文。整篇文章对"我"与相思鸟共同生活中的种种情态作了细致入微的刻画,不仅抒发了"我"的爱鸟、惜鸟、怜鸟之情,更不动声色地把许多生活哲理及自己对社会人生的思考娓娓道出,令人读来无丝毫生涩之感,还给人有益的启迪。

1.透过文章的字里行间,透过"我"与鸟的关系,作者意在阐明什么人生哲理?

2.本文的语言文字非常优美,你能具体分析本文的语言特色吗?

3.你养过鸟儿吗?爱护鸟儿吗?读完这篇文章后,请你写一篇读后感,具体说说文章带给你关于人与鸟的关系的感悟和启示,好吗?

狗 也 寂 寞

◆王 鹏

> 寄托我寂寞灵魂的是这条狗,解脱我寂寞灵魂的还是这条狗。

每次提笔作文,我都想试图写出人类的巨大的灵魂和生命。但是,一旦我的眼前展现出生命在洪荒旷野的高原上拼搏、厮杀时,我就恨不得把燃烧在胸膛里的情感撕碎,重新组合成一种原始的强大的生命形态——带着滴血和凄厉的呐喊,带着生命的欲望和创造。因为自从我入伍到青藏高原兵站这天起,我就比别人更多地承受和体验着生命的真谛,包括生命的痛苦、孤独和苦难。我不愿掩饰和美化自己对生活的真实感受,因为执著于这兵站、倾其全力于这兵站,我也就迷恋于这兵站,崇拜于兵站的事业,这样的结果便是我在兵站与一条狗结下了不解之缘……因为我到兵站的第一天,第一个迎接我的,便是一条狗。

我去的兵站横卧在巨大的荒野里,横卧在赤褐色的唐古拉山下,远远望去,犹如苍灰色的旷野上兀然而起的山峰,我下了车,背着行囊,头重脚轻地从简易公路上向雁石坪兵站走去。

"汪汪汪!"一阵犬吠从旷野深处传来,不一会儿一条谷黄色的大狗从兵站里狂奔过来,弹起的四肢使它几乎离开了地面,不知它是在向陌生人发出停止的警告还是向前来兵站报到的客人示意,总之,它跑到我的面前,不断地摇起它翘着的尾巴,用多肉的嘴唇和舌头在我身上蹭来蹭去,狂喜的光辉从幽深鼓胀的眼睛里流溢而出。我惊慌不知所措,一边警惕地用手挡着,一边用冷静的目光睨着眼前这发疯的狗。从那寂寞的眼光中看出它已经在雪原上苦苦追寻了无数个日日夜夜。孤独的灵魂举在它的头顶,促使它最大限量发挥潜藏在心里的苦闷和欢乐,一团团唾液从它的嘴巴上、从它的吐出的粉红色舌头上,无声无息地流进雪地。

这一刻,狗和人成了存在的形式,两种截然不同的生命在这特殊的荒原里拥抱了。相互的警惕和防卫都在彼此的生命需要中悄然消解,狗放弃了对人的警惕,人放弃了对狗的怀疑。

狗在一阵疯狂的发泄之后,便仰起了头,友好地朝着前方的兵站狂吠了一阵,然后它开始用嘴撕扯着我的衣襟向前移去,似乎以一个主人的热情,邀请我去它的兵站。

这时,兵站出来一个老兵。他身上裹着一件沉重的军用大衣,头上戴着毛皮帽,脸膛很黑,只有雪白的牙齿在黑黝黝的蠕动中闪着亮色,被风割裂的脸,像蒙着一块硬焦的皮,发紫的嘴唇因缺氧而肿胀,上下布满裂缝和褶皱,铁青的牙龈上面,时刻向外渗浸着血丝。

老兵把我接到兵站。

兵站被寒冬的冷气包围着,一排排错落有致的客房在雪的压迫下,吐着雾气,似一座座浑莽雪梁此起彼伏地隆升着,又如卧兽的脊骨。偌大的兵站被沉寂缺氧的空气覆盖着,我站在兵站的客房里喘着粗气,心脏怦怦地跳着,缺氧的大脑折腾得我头昏脑涨,胸口像堵了棉絮,憋得我吐不出气来。我打开窗户,谁知外边起了风,眼前,雪沫像白浪一样涌起,地上平整均匀的雪层正在被风撕裂开来,迷迷蒙蒙,天和地混沌一片,周围什么也看不见,只有寒风发出可怖的号叫和呼啸。

一种前所未有的孤独、恐怖包围了我,我第一次感到人在大自然面前的脆弱和渺小。

那条狗回到兵站后,在院内跑了几圈儿,眯缝着眼睛向四周扫视一番,然后低下头,用前爪搔搔疲惫的脸,耷拉着尾巴,懒洋洋地走到背风的一间旧营房的墙根儿卧了下来,它似乎看够了这一切,太单调、太无聊、太没意思了,便闭上眼睛。

狗也寂寞。

其实,狗没有睡,它也许在想着自己的心事,它想起了它的老家,想起了葱葱的森林,想起了村庄和田野。

那年,它被人从老家带到这儿来的时候,才一岁半。三年过去了,在漫长的岁月里,它竟然没有见过一棵树,一个人。一条狗,寒冷和暴雪是留给它的惟一的记忆。当孤寂缺氧折磨得它已经下决心撞死在墙壁上时,一只黄羊在它眼前冒了出来。后来它没有死,也许它想起了在老家时母亲为了保护它的主人而死去的情景。主人家里很穷,吃不饱肚子,妈妈为了养活它,常常去野外找来一些食物给它吃,有时实在找不到,夜里妈妈就捕捉主人养活的小鸡给它吃。后来主人发现了,就狠狠地打了它一顿,再不给它们饭吃。但妈妈从不背叛主人,主人走到哪里,妈妈就跟到哪里。一次主人和邻居打架,它怕主人吃了亏,便把那人扑倒在地,狠狠地咬了一口,谁知那人后来竟然用棍子把妈妈活活打死。那时它刚过一岁,没有力气去咬死这个人,现在它长大了,精血旺盛得像一头狮子,可是,却被别人带到了这座山上……

狗太寂寞了。

第二天,天刚麻麻亮,黄狗就跑到我的房门前,"汪汪汪"地大叫。我睁开眼睛,屋里很黑,不过透过厚重的窗帘,射进了一点儿亮光。我一起身,觉得像有什么东西沉重地压在我的胸膛上,仿佛心脏移到眼睛里,眼球憋得流泪,上气不接下气,大脑一片空白。我努力克制自己，打开房门，那黄狗就蹿了进来，摇着尾巴，在我跟前转来转去，时不时地还哼哼叽叽地叫两声，试图探寻我的踪迹。然后它硬扯着把我往外拽，我拍了拍它的脑袋，跟着它走了出来。

荒原全部被白雪覆盖了，天空不像内地那样发红，惨白无光，在刚醒来的高原上晃动着，有气无力地把它的光线撒在兵站，撒在冻得和冰一样结实的高原上。我昂起头，看了一眼远处的雪山，山顶似乎升高了，苍苍茫茫晃晃悠悠，犹如重型炸弹推出的气浪，摇撼了眼前的一切。我觉得我不知什么时候被从地球上抛了起来，整个高原都在风的威慑下发出了一种声音。

——那是天体云风向这个寂静的世界上发泄的，组合起来的声音。

那狗似乎也听到了这种声音，它使劲地撑起一双耳朵，然后把目光落在它熟悉的一条高大但不峻峭的山脉上，迟疑了一会儿，它便向山上跑去。

我似乎是在昏迷和清醒之间的朦胧状态中走回兵站的。什么也不再思考、回顾、分析，我已经没有什么可想的了，肉体和神经自有它的规律。

其实，狗跑上那山脉是看日出去了，这是我后来才知道的，这是黄狗每天早晨最得意，也是最高兴的一件事，因为在这个世界上，只有太阳是活动着的物体，其他全部被封冻和静止了，它喜欢看太阳在离开山头时挣扎滚动的场面，它喜欢看太阳发怒时似燃烧的火球。

它不明白，它的主人为什么要把它带到这儿来，它也不明白它的主人为什么要呆在这儿。

这儿什么也没有。难道它的主人们在这儿就是为了这座兵站和周围的山峰？

那黄狗从山上下来，懒懒地卧着，忽然，它的耳朵被一种声音所惊起。

它立即起身，叫着朝公路跑去。听到狗叫，我朝公路的方向看了看，浓云低垂的远处，来了几辆汽车，狗像箭一样从山顶冲下去，在汽车的前后左右扑着、跳着、叫着，不大一会儿，汽车就在兵站门口停了下来。

狗扬起头，又朝我跑来，"汪汪"地叫了两声，提醒我去迎接前来的客人。我理解狗的心思，便拍打了一下它的脖子，狗被我的情绪感染了，用嘴蹭着我的鞋和裤腿，又伸出舌头舔我的手。

在兵站，寄托我寂寞灵魂的是这条狗，解脱我寂寞灵魂的还是这条狗。我们成了战友。

我的生命里，就是因为有了这条狗的伴随才释放出了一种能量。

那是一个深冬的夜晚，一阵狗叫把我从梦中惊醒，我披上大衣打开门，黄狗疯了似的钻进我的房子，硬把我从房子里往外扯。我莫名其妙地发起火来，黑天半夜地瞎叫什么，狗看我不愿意出去，就狂吠着把我床上的被子撕下了床，没办法，我便穿上衣服，拿起手电，向狗叫的地方走去。

这是一个天寒地裂的夜晚，风刮着，雪吼叫着，像要把这荒原掀翻似的。我趔趄着在雪地里寻找着路线，走到离兵站不到200米处时，才发现，雪地里躺着一个人，那人仰躺着，充血的脸浮肿着，乌黑的血从溃烂的额头上渗出来，破烂的羊皮袄里裹着一个快要冻僵的身子。我跑回兵站拉着架子车，把他拉到兵站的客房里，我用雪把他冻僵的身体全部擦了一遍。然后用勺子给他喂热开水，黄狗也一步不离地哼唧着，一会儿用舌头舔着，一会儿用鼻子嗅着，直到那人从昏迷中醒过来。

在荒原上，狗的欢欢乐乐、举举动动，都曾给予我许多的灵感和启示。在寂寞中，在无人可语的环境里，狗始终维系着我积极向上的情绪。我从它那里领悟到，什么是生长，什么是忍耐，什么是忠诚。只是后来发生的一件事令我震惊和遗憾。

那是荒原少见的一个晴朗的早晨，狗一大早就把我从梦中唤起，我便去后山和狗一同看日出。太阳燃烧着从山顶上挣脱出来，它似乎也像得了缺氧症，一出地平线就有气无力，然而它还是晃动着离开了山顶。是的，它将要在这漫长的白天，把它的热量画着弧写在天上。

太阳渐渐升高，山上的蜃气和太阳的光线把荒原幻化成树林、村庄、高楼、大厦、人群、小鸟儿，还有一汪碧蓝的大海，海里有船有岛，我被眼前的景色激动了，兴奋地叫了起来："快看，那是什么！"狗朝着我指的方向，看了过去，先是一愣，而后一边狂叫，飞也似的向前跑去。

这时我才恍然大悟，狗上当了，它以为前边就是它的故乡了。我便大声喊叫着追了上去，可是狗已跑出很远，也不再理会我这个主人了。

第二天，我便从荒原的深处找到了这条大黄狗的尸体……

　　内敛的语言中，包含着对生命的体验，包含着一声声滴血和凄厉的呐喊。是狗寂寞，还是"我"寂寞？抑或二者都寂寞？

　　1. 在写狗的文章中，表现狗的忠诚的不少，但像玉鹏这样写狗的寂寞的却极少见。你能理解作者的写作目的吗？假如要你写狗，你会选择一个怎样的角度？

　　2. 试具体分析本文的写作特点。

　　3. 你能解释文章倒数第三段所描述的景象吗？

人 狼 情

◆黄 山

狼给汽车打眼了，我高兴得大叫起来。

众所周知，狼的本性是凶残的。在人们的心目中，似乎形成了一个不可改变的观念。而我所经历的一件事，却使我改变了对狼的本性的看法。

那是1964年10月，我们云南省队的一支汽车测量普查小分队，在滇西北地区进行普查找矿。工作车是由一台戛斯—63汽车改装的，车厢为封闭式，测量仪器固定装在车内，接收器放在车厢顶上。我们小分队一共八个人：一名司机，三名技术人员，四名武装警卫战士，他们每人配备一支冲锋枪和一支手枪。

10月中旬的一天早晨，我们离开了纳西族聚集的秀美的小城丽江，依依惜别了巍峨壮丽的玉龙雪山，经石鼓镇向西北方向的维西傈族自治县所在地——保和镇进发，完成我们普查任务的最后一站，然后返回昆明冬训。出发前，一位纳西族老乡搭我们的车一道去维西。

过石鼓镇以后，我们沿着金沙江上游向西北方向前进。10点多钟，我们到了小镇巨甸，稍事休息后继续向正西进发。路上积雪越来越厚，尽管我们工作车的车轮较宽，花纹也大，并有前加力，但仍然不时打滑。下午两点多钟，面对路面上半尺厚的积雪，汽车终于无能为力，喘着粗气，车轮飞转，就是不能前进。但也绝不能后退，控制不住就有滑下山崖的危险。我们的人，包括纳西族老乡，一齐下来推车，并找些干树枝打眼，汽车艰难地一步步前进。正在这时，我们几乎同时发现，在我们车后200米的路上，一群黄褐色的东西慢慢向我们靠近。是牛群？不像，是狼？颜色不对。北方的狼大多是灰褐色的，怎么发黄呢？我们正惊疑、猜测，纳西族老乡急喊："上克(去)，上克，赶紧上车克，这是一群饿狼。"我们不禁大惊失色，急慌慌爬上车，司机小王赶紧发动车，加大油门，前后加力，车还是在原地空转，真急死人了。这可怎么办？这时狼群已靠近汽车，好家伙，一共八只，个个都像小黄牛犊儿似的，肚子吊得老高，后腿显得更细。战士小吴抄起冲锋枪奔向后车门，纳西族老乡大喝一声：干那亚(干什么)！他一手夺下小吴的枪，高声道：绝不能开枪打，打也打不着，枪一响，它们或钻到车底下或拐进树林，我们可就完了。狼群会不顾一切先把车轮咬坏，把我们看起来，然后召集更多的狼和我们拼命。我说那可怎么办？老乡说别急，有办法。雪封山了，狼找吃的东西难了，一个个饿疯了，车上可有吃的？我们几乎同声回答：有。那就扔下去给它们吃！老乡像是下达命令。我们七手八脚

75

把从丽江买的准备带回昆明的腊肉、火腿，还有十分珍贵的鹿子干巴，一块块、一串串往下丢。八只狼眼都红了，大吼着扑向这些食物，第一批丢下去的东西，一眨眼就吃光了。

但它们不走，八只狼排成一排坐下盯着后车门。老乡继续下达命令：再丢下一些！我们车上放的肉品足有100多斤，豁出去了，保命要紧，扔吧！我带着哭腔说了这句话。第二批大约50多斤肉品飞出了后车门。八只狼又是吼着扑向食物，但吃的速度明显慢了，眼见每只狼肚子渐渐大了起来，吊得不那么高了。也就一袋烟工夫，八只狼还像刚才一样，整齐地坐着，盯着后车门。老乡看着我们每个人，异常坚定地又发了话：还有吗？一点儿不留地丢下车，等我们回来从丽江再买，千万别心疼。我盯着这位我们刚刚相识的纳西族老乡，心里说：我们还回得去吗？按照老乡的要求，我们将车上所有的肉品，包括我们特别舍不得的一点鹿子干巴，还有十几包饼干全都甩下车去，八只狼又是一阵大嚼，吃完了肉又试探性地嗅了嗅那十几包饼干，没动它。这时我清楚地看到八只大狼的肚子已滚圆滚圆，目光开始变得温顺，不再横排坐着，其中一只狼围着汽车转了两圈儿，又朝车前方跑去，其余七只狼没动。不一会儿，那只狼又跑回来，带着那七只狼朝松林钻去。

我们悬着的心终于放了下来，司机小王也从驾驶室下来，朝我们深深呼了口气，意思是说："好险哪！"我们又开始推车，仍然无济于事，看来我们今天有可能被困在这里，如果再遇上另一群狼可就彻底完了。

正在这时，我们看见那八只大狼又钻出松林，跳到公路上。奇怪的是每只狼的嘴里叼着一根大树枝，不知它们又想干什么？我们只得又爬上车，警惕地观察着。司机小王干脆把头从驾驶室里探出来，我也打开一扇门窗看着群狼到底要干什么？只见八只大狼把口里叼着的树枝分别放到汽车两个后轮下面。哈哈！狼给汽车打眼了，我高兴得大叫起来，狼见我大叫，只是朝我望了望，我也发现狼的眼光里没有敌意。接着八只狼一齐钻到车底，我正不解其意，却见汽车两侧积雪飞扬，一部分雪飘到山下，一部分雪堆向路边。不一会儿，八只狼又从车底钻出来，跑向车的前方，头朝前，尾朝车头一字排开，嘴一齐拱到雪里，朝前拱去，然后又头对头一边四只，一齐用强有力的后腿向后扒雪，路面渐渐露出来。我眼里滚动着泪花，大呼小王：狼帮我们扒雪了，赶快发动车。车果然启动了，徐徐向前。纳西族老乡也激动得和我们紧紧抱在一起。车向前，狼向两侧闪开，又一齐朝后跑去把树枝又衔了回来，车子刚好行到积雪厚的地方，又空转打滑了。八只狼又重复着刚才的动作：先打眼，后扒雪，就这样每重复一次，汽车就前进一段。大约重复了十来次，车向前行进了一里多地，也就到了山顶，再向前就是下坡路了。

汽车到达山顶后，狼不再叼树枝了，在我们车后仍然是一字排开坐着，不同的是,有一只狼稍稍向前。老乡告诉我们,那是头狼,主意大概都是它出的。我们激动极了,一起给狼鼓掌。可是这八只可爱的狼似乎没有什么反应,只定定地望了望我们,然后头狼在前,其余随后,缓缓地朝山上走去,消失在松林中。

只知道乌鸦反哺,没想到狼也会知恩图报。黄山的《人狼情》让我们看到了狼凶残、贪婪背后的温顺和智慧。

只要人对动物多一些关爱,与狼共舞并不是神话!

1.仔细阅读奉文,然后写一篇读后感,谈谈人狼遭遇给你的启示。

2.尽管科学家们能比较公正地看待狼这一动物,不少文学作品也从不同角度反映了狼的"优秀品质",但绝大多数人对狼还是充满了恐惧与厌恶。甚至有人认为狼的食肉性、凶残性对人类及家畜造成了不少伤害,应该把这种动物斩尽杀绝,让它从地球上消失。不知你如何看待这个问题?

一 只 小 羊

◆萧 军

　　　　它颤抖地鸣叫着,声音并不大,也不洪亮,像在唤乳。

　　一天夜间,踱大街踱得有点儿疲乏,便停脚在商店的玻璃窗前。这是一间卖外国图书的铺子,我被里面几幅油印画所吸引,望着,望着……我并不想买,即使算一角钱一幅我也不想要。那些画除开人杀人、兽吃人以外,再就是抱小孩的圣母,和戴棘冠钉在十字架上的耶稣。这些我全不爱,如果这东西买回去钉在墙壁上,夜间睡眠怕也要感到威胁。圣母图倒还好,不过那又太显得庄严慈爱了,对于一个从生到这世界上就没认识过妈妈面相的浮浪人,也有点不相宜。至于那些书啦、电影明星的画报和画片啦,更不是我所需要的。这些对于一个浮浪人似乎什么价值也没有。

　　几乎每天走这条大街,也常常是在夜间,随便停在什么店铺的窗前,向里望着……有时候也许女人的衣装店、鞋帽店、玩具店、首饰店；也许点心铺、鲜果行……在女人衣装店的窗里，我可以鉴赏那做得好一点儿、光滑一点儿的模型，看那嘴的曲线，身腰的姿势，新由服装师替她装挂好的诸色质料的衣服。在点心铺、鲜果铺，或是菜食铺的窗前，可以看到诸多种样：花形的、果子形的，用诸色闪光纸包裹的糖果和点心；整箱整箱的苹果、梨；现成的酒菜，标着价格的酒瓶，新宰杀过倒悬着、在剥光的身子上盖着紫色"上等"印记的肥羊……我站在这些地方的窗前，也正相同我今天站在这家图书店的窗前一样，只是为了疲乏，为了这里的灯光亮一些……浮浪人对于什么应该全是疏远的。为什么疏远，我自己知道。

"羊，要吗？"这是一个男人的声音，从我的身后飘过来，我以为他是在问我。

"什么？"我转过头来望一望，原来不是同我说，他是向着店铺里面人说；一只小羊托在他的手里。

"羊，要吗？"他又重复了一句，并且这次他还把那小羊颠动了几颠，意思是要屋里的人看，这还是一只新从妈妈奶头上摘下来的乳羊！小羊羔叫了两声。

"贱卖啊！要吗？"

屋里人使鼻子按在玻璃上。这个人胖得连头发都没了，他的脑袋只相同一颗充血的肉球，那样子很不雅观。他起始是无所见的笑着，笑着，最终他不笑了，脸上的肉沉坠下来，手挥摆了一下。

"外国人也不买羊了啊！"从男人的眼睛，从男人脸上的纹条，整个的样子，可以说是从男人的全身流走了希望！他怀抱着小羊要转向别处去了！我发现后面还站着一个男人，他担着筐，我知道这小羊来的路途一定是够遥远的。

"这小羊要卖吗？"我走近卖羊人的身边，手已经触摸到小羊的头额，它小嘴巴温顺地翘起来。

"你先生要买吗？"

"唔……我看看好么？"羊的小舌头瞅着我的手指了。我从卖羊人的手中，像抱个不足月的婴儿似的抱它过来，它颤抖地鸣叫着，声音并不大，也不洪亮，像在唤乳。白白的绒毛有点儿闪光，它温暖也如同一个婴儿，它却懂得颤抖……

"你先生要买，算一元两角钱吧，外国人要买得一块五咧！天太黑了，我们还要赶回家去吃夜饭啦！"

"一元二角钱？"

"一元二角不多啊，外国人买，好时要两只羊咧，养着将来挤奶，杀吃，全好，买下吧！"

小东西在怀里，不再颤抖了。我把脸伏下去让它舐吃我的鼻子和眼睛。我嗅着微微的乳膻。它对我完全熟识了，我们亲切得好像不想离开的样子，如果我能够我就可以这样抱它回去,但是我不能!为什么我不能呢?只有浮浪人自己知道。

"不要买吗?"

"嗯,不要买!"

"哼!耽误这半天!"

卖羊人带着气愤,从我的手里把小羊拿过去了。这次它又叫了!它是带着颤抖叫的。我一直看着卖羊人一家家颠动那小羊;它一家家的鸣叫着那唤乳似的声音远了,没了……

行在回家的路上,我想:

——拼我所有的钱来买下它吧!这是多么值人爱的小东西啊!那绒毛,那小嘴巴,那阵阵带点颤动的鸣声……我和它在一起生活!我不杀它,也不吃它的乳,就是各自活着吧!

我一直想到我的家。

想了一夜一整天,就是为了这小羊!

"我们买下它?"我问过我的女人,"那是这么可爱的小东西啊!你抱着它,它一点儿也没有恶意!单只是那小嘴巴,就够你不忍不喜欢它了!"

浮浪人也还有个女人,并且这个女人除开浮浪人,担保还不爱谁。她说:

"只要你爱,就去买下吧!"

我拿出我所有钱要去买了,她又说:

"买来,放在哪里呢?放在屋子里怎么成呢?它会咬破你的书,弄翻我们的米袋子……"

"放在凉台上,那里算它的小屋……"

"好,你去买吧……"

在我还没有拉开门,她又说了:

"放在凉台上?不成吧!它会扯破别人的衣服……弄脏了衣服,人家是不宜的,我们并没有占有整个凉台的权利……"

帽子重新从我的头上除下来,我望着她为我缝补袜子的手——她的手已经不再是两年前那样纤细了,她现在做了浮浪人的老婆。

"那么,不买了!"

我生气了,我同谁生气呢?我也不知道。我常常会无理由,不知道为了谁就生气。生起气来会连爱人也变成了仇人!

"不买了!"

我重复地说,重复地说,走在地上,过来,过去……

"那么还是买来吧,买回来再说……"

她抬起眼睛平和地望着我，但是我并不就去买了，还是走着啊！走着……

"去买呀！怎不去买了呀！"她重复了一句，她在笑，这是善意的笑！浮浪人的老婆是爱浮浪人的，她从不在浮浪人生气的时候也生气。

"不买了——"

"为什么呢？"

"想不出怎样给它吃，饿死它？"

她也是想不出应该把什么给这小东西吃，总之浮浪人是没有多的钱买什么吃。

"我割野草给它吃！"我说。

"这样可以的……到哪里去割呢？现在是冬天。"

"冬天也是有草的。这不比我们北方啊！"

小羊住的地方和吃的东西，全想出来了，解决了，我高兴地打着桌子说：

"你听啊！先不要补那臭袜子。你听啊！你给它织一个小'颈围'，要好看，要有花边的，红色的，红红地，越红越好……我把那小东西洗刷干净，一根毛也要清洁，白得和银丝相同，然后我把那'颈围'合适的扣上，我牵着它，你听啊！我们到街上去走……就和我们的小孩儿一样……我们换着牵，换着保护它，……使它大起来……我给它起个小名，就'白妮'吧！你同意？"

"完全同意的！"她笑着，又要缝补我的臭袜子了，接了说：

"和我们的小孩儿一样吗？……我们是不能要孩子的！"

我知道她为什么说这样话。

"浮浪人孩子是不能要的啦！小羊是可以要的啦！"

"嗯！"

"为什么不该要呢？它是那样招人爱！就凭那小嘴巴吧，你见了就不能不爱的，比一个孩子更可爱的小东西，会咩咩地叫……"

"你能养大它？"

"怎么养不大？它比一个孩子长得快呀！"

"养大怎么样呢？不要忘了我们是浮浪人！亲爱的！"

"也带它浮浪……"自己说完话，知道这是不妥了。起始从愤怒转到了欢喜，如今又从欢喜转到了忧愁！我真的忧愁了！

"不要忧愁吧！也不要买那个赘累的东西了！听我说：我们是什么赘累东西也不应该有的，亲爱的，懂了吗？连一双袜子也不要有富余使它挂累我们！"

但我还终于拿起我所有的钱，拿起我脱下的帽子，走了，去寻那个卖羊的人。

又隔了多少时光呢？记不清。和平常一样的理由，我停在一家百货店的窗前。

"羊要吗?"这声音是多么熟识啊！我本想拔脚就走的,却是没能够,我又把我的身子走近这个卖羊人:

"那一只呢? 那只白的!"

卖羊人似乎不认识我了,也不了解我说话的意义,只是说:

"你先生要吗? 算一元钱吧! 外国人买,要卖一元五的。"

"我问那只白的,在外国店门前卖的那一只!"

他像思索的样子, 又在打量我的帽子——这次他手里托的是一只黑色的,还没有牙齿样子的小东西了。它不叫,也不动,闭起眼睛打瞌睡,这次我的手也始终是摆在衣袋里,没有来抱它,连触一触它的小嘴巴也没有。

"白的早死了啊!"

他从我的帽子——这是一顶不成样子没有经过改造的帽原料一般的东西,没有绦带,黑色的,什么也没有——似乎认出我来了,我不是一个主顾。他走了。随在他身后那个背笼筐的人也走了。一家一家地问候着走了,没了……

我同你说:这次我已经没有了那所有的钱! 不过……

心灵体验

文章深刻地体现了作者温柔而热烈的生命之爱。全文不仅题材新颖,而且语言自然朴素,对事物的刻画十分细致生动,具有较高的审美价值。

放飞思维

1.作者在结尾有意安排一只小黑羊出现,你能说出意图是什么吗?

2.为什么前面这么多的物品都无法引起作者的兴趣,惟独那只可怜的小羊引起了他的兴趣?你认为小羊是否与作者有着某种类似的境遇?

3.作者借一只小羊的悲惨境遇,揭示出一个什么样的社会问题?

父　狼

◆[前苏联]普里什文

> 狼们对于纹丝不动的东西是极为害怕的,因
> 为其中可能藏有什么活的东西。

　　绵延不断的国有林坐落在田野的尽头,竖着耳朵。田野在望,森林在听,田野的另一头,波尼科夫卡村像老太太似的坐着,把田野上出现的一切、森林中可听见的、可感觉到的一切,都收进口袋里。

　　老太太收了许多筐森林中和田野上五花八门的东西。有好多次,我们心惊胆战地听斯皮里多诺芙娜本人讲她在一个可怕的夜里同狼遭遇的故事。她说狼有做记号的习惯,我们听了惊讶不已。但是现在回想起来,斯皮里多诺芙娜本人要比所有森林中和田野上的奇事更令人惊异。

　　当时斯皮里多诺芙娜就住在我们波尼科夫卡村,她是一位百家姥姥,意思是说她平素总是四出侍候一家又一家的病孩子,只有当自己生病时才守在自己家里不出去。

　　哪个穷人家的孩子得了病,就会有一位高个子的老太太来到门口,问道:

　　"宝贝还没走吗?"

　　于是做母亲的把孩子交在她那一双可靠的手里,自己就可以放心大胆干活去了。像百家姥姥斯皮里多诺芙娜这样知疼着热、体贴入微的母亲,真是世上少有。

　　我们也有过一回,小彼佳病了,为了照料他,我们烦难已极。妻子坐在那儿管孩子,我在上班之前要提水,搬木柴,还要上市场,哪里对付得了啊?班上的人可不就侧目而视了?有什么办法呢?

　　一天,我听见敲门声,起床去开了门,斯皮里多诺芙娜进来问道:

　　"宝贝还没走吗?"

　　她马上让我们解脱了。一个月之后,小彼佳身体复原,她又听说波尼科夫卡村有一家的孩子病了,只得同小彼佳告别。那告别的情景,就同一位母亲送儿子上战场,凄凄惨惨,悲痛万分!又过了一段时间,她同另一个孩子告别,也完全跟同彼佳告别一样。她被人叫做"百家姥姥",就因为她的母爱源源不绝,就像有些女人可以在许多人身上倾注的另一种爱一样,斯皮里多诺芙娜的母爱也倾注到许多婴孩儿身上,等到那孩子复原,如同亲生骨肉一样,她又得同他离别,去侍候另一个。这位百家姥姥真是非同一般,那一个月当中,我从她那儿听说了许许多多故事,因为她

总爱说点儿什么。

那是新年的前夕，森林那边有一个老爷爷快要死了。那爷爷屋里什么人也没有，只有一个小小的孤儿。没有爷爷的照料，孩子哭叫起来，后来静下来，脸早已憋红了。做过较晚的日祷以后，人家把这件事告诉了斯皮里多诺芙娜："森林那边有个爷爷和孩子快要死了。"日祷以后，人们照例到墓地上去为死者祈祷安息。斯皮里多诺芙娜也把她的供品送到那儿去。墓地上很挤，死者挨着死者，棺材挨着棺材，墓碑挨着墓碑。亲人的坟墓，只有凭松树上砍的记号来辨认，有些人家连记号也混在一起了——看挤成什么样子！按理说，该把墓地迁到别处去，但是大家都很习惯把亲人葬在这里。这块墓地地势高，干燥，都是细沙，死者躺在这儿挺合适，活着的人来为他们祈祷安息，也觉得安心满意。这天早上，妇女们把自己的大馅饼摆开，神父来了，摇着手提香炉让香烟散发出来，而圣堂工友，把供品一收进口袋，他的一只小猪，把饼屑收拾干净，一只嘴脸尖削的小狼，却早盯上这只小猪了。

百家姥姥斯皮里多诺芙娜不是本地人，在这儿没有亲人。她老是在新死去的人的更其恓惶的坟墓前陪着哭一阵。大家都散去以后，她还总要等着，不让她上供的馅饼叫圣堂工友收到口袋里去。她把馅饼掰碎，分撒在所有的坟墓上。各种各样的鸟儿立刻飞了来，啄食碎饼。阳光朗照下，鸟儿从戴着雪帽的松树之间飞过来，情景煞是好看，斯皮里多诺芙娜心头也就安然了。这位百家姥姥只是要过心安理得的日子。

盯上圣堂工友的小猪的那只小狼，一直在山沟里匍匐着，差一点儿撞上老太太。小狼一见到她，大吃一惊，连忙奔向田野，直插国有林而去。猎人们在田野上发现了狼的新脚印，滑雪去围猎，可惜天空骤然昏暗，纷纷扬扬飘下雪花，风把狼的脚印扫了个干干净净。只有风吹不到的森林深处，树桩上和狼经常出没的灌木丛中，留有一些没有盖上雪的狼的标记。狼是根据这些标记了解它们狼世界的事的。它们分辨出标记以后，留下新的标记，新来的狼读了旧的标记，又留下自己的标记。这样自成传统，它们了解了自己的狼的生活，也了解了人的信息，如果那信息同狼有关的话。那只盯住圣堂工友的小猪的小狼，也照例不时地在树桩上加上自己的标记。

天空昏暗下来，斯皮里多诺芙娜的心头也昏暗了。她想，她没有到那孩子家去，那孩子缺了她是会夭亡的。百家姥姥在家里魂不守舍，时不时奔到窗口去看看暴风雪有没有静下来。傍晚时分，风雪总算小了点儿，可又有一件难事，要去，就得穿过国有林，可现在那儿夜里狼群出没。斯皮里多诺芙娜想了又想她该怎么办，正巧有一个女邻居抱了孩子来到她家。

"小宝贝儿,"斯皮里多诺芙娜对孩子说,"你瞧瞧窗外,我能去吗?"

像古时候许多人所相信的一样,她也相信纯洁无瑕的孩子是从不骗人的。

"我不会迷路,不会冻僵,狼不会欺侮我吗?"

孩子回答说:"姥姥,狼不会欺侮你的。"

于是,斯皮里多诺芙娜起身要走了。女邻居去套黄马,那只小狼又已盯住马,它跑到国有林中去,在灌木丛中留下记号,意思是说斯皮里多诺芙娜打算夜里骑黄马从国有林中穿过。

暴风雪使大眼睛的整片田野瞎了眼,使大耳朵的森林失去了听觉,但是狼们自有办法知道,今夜风雪肯定会静,甚至还会出月亮。爱跳圈舞的老母狼想再考验一下它那大脑门儿的老伴还有没有力气,灵活不灵活,它在森林中留下一些记号,筹划着痛痛快快大吃一顿。公狼们小心翼翼、若有所思地唤着那些记号,悄无声息地踏着松软的雪地,集中到林边的老母狼身边。

狼们算计着夜里大吃一顿,它们并没有错,月亮很快升起来了,田野上现出了黑糊糊的磨坊。一片白皑皑的地面上,显得那么干净,那么清楚。一丛丛萎蒿立在地界上,狼们朝它们望着,心想那是不是老乡来到了田野上。

森林倾听着。远远的波尼科夫卡村里,一条小狗对着月亮吠叫。狼眼炯炯的,看得见一架农村用的无座雪橇,仿佛小船行驶在银白的波浪上。雪橇时而爬高,时而低得半天看不见影儿,忽而重新出现,不停地滑向一个黑糊糊的大框架——那个磨坊。一会儿过了磨坊,又爬得高一些。那只大脑门儿的老公狼,紧跟在一队狼的后面,请求母狼给它一个靠前的位置,正准备绕到狼群前头去。

这时斯皮里多诺芙娜打起盹来,恍惚间竟觉得自己已经到了,手抱孩子坐在俄式炕炉上哩。

不错,斯皮里多诺芙娜不是顺着狼做的记号走的。她一辈子见多识广,她走的是自己的这条路,让黄马不停地跑着跑着。真的,要是自己看不清路,还是让马自己走好,马是懂得哪儿路面瓷实好走的。要是把马拉一下,它就会离开正路,然后陷在雪里不能自拔。老太太微微入睡,仿佛觉得她已经到了,坐在俄式炕炉上,抱着孩子,不想屋里却来了狼。只见狼进来了好多,一只踩着另一只的背,向着高板床愈爬愈近……

孩子没有看见狼,身体也愈来愈好,脸蛋红扑扑像苹果似的,两只小手伸向姥姥,叫她"妈妈"。

狼们仍在爬着爬着。

这时斯皮里多诺芙娜怒不可遏,刚要随手抓一件东西向狼扔去,却突然一转念,带着孩子冲到狼群中心,跪在地上,边磕头边说:

"狼爷啊，我不是为自己，我是为这心肝宝贝求求你们，请你们离开这儿，别吓着孩子，你们自己也是做父亲的啊！"

狼回答什么话，斯皮里多诺芙娜没有听见，她在雪橇中惊醒来，周围什么也看不见，只有黄马的耳朵像角似的突兀在雪上。

老公狼在林边困惑不解，刚才雪橇明明到了高坡上，从那儿可以毫无阻碍地直接向狼群滑来，怎么忽然一变，雪橇不知上哪儿去了。大脑门儿等了一会儿，虽然仍是魁梧健壮，还是把首位让给了聪明的母狼。

母狼想起有一个比这里更高一些的地方，就从树阴中走出来，带领大家踏着深雪走去。那儿居高临下，狼们立刻看清了一切，原来，算它们有福，那黄马在桥头失足，跌进雪堆里了。于是它们在月光下，身上毛色像银光般闪烁，悄悄走到沟岔的紧边，突然一下子瞪圆眼睛，炯炯地直向那边望去。

斯皮里多诺芙娜在雪橇旁边忙乱了一阵，但越是去轰黄马，黄马越是陷得深。斯皮里多诺芙娜刚爬回路上，想拽住缰绳把黄马拉出来，忽然瞥见了那么多炯炯放光的狼眼。

斯皮里多诺芙娜在原地纹丝不动，一直保持着那个姿态。

老公狼又和母狼交换位置，用后腿站稳，正想一个箭步跳去，但也像斯皮里多诺芙娜一样，突然愣住了。

狼们对于纹丝不动的东西是极为害怕的，因为其中可能藏有什么活的东西。

连新的树根错杂的树墩，它们也害怕，不敢贸然走近，只是向纹丝不动的东西仿佛恳求了一番以后，才怯生生地走过去，在那上面留下又敬又怕的记号。

假定斯皮里多诺芙娜脚边有一根冻脆了的蒌蒿吱啦一声断了，或者她本人向后一退，那狼群就肯定会一拥而上，把她和黄马撕个粉碎。然而她没有吓得后退，而是向前走了一步，跪了下去，向狼磕了头，请求说：

"狼爷啊，我不是为自己，我是为心肝宝贝求你们的，饶了我吧，你们也是做父亲的啊。"

斯皮里多诺芙娜磕过头，一直伏在地上，更加一动不动，这样更为狼所不解，反觉得更可怕了。它们已经动摇了，似乎想离开这黑黝黝、纹丝不动、显然活的东西，退到月光地上去。聪明的母狼小心翼翼地绕过它的大脑门儿公狼，闻了闻纹丝不动的活东西，做了个又敬又怕的记号，便沿着沟岔边走了。老母狼是号令群狼的首领，群狼便都以它为榜样，一个个向纹丝不动的东西表示敬意，都上前闻了闻，留下了记号。公狼们跟在母狼后面，亦步亦趋，做完母狼所吩咐的一切，便都离开了可怕的沟岔。

有好多次，我们心惊胆战地听斯皮里多诺芙娜本人讲她在一个可怕的夜里同狼遭遇的故事,她说狼有做记号的习惯,我们听了惊讶不已。

百家姥姥露出温和的笑容,在故事收尾时说:

"孩子们,我爬了起来,全身都湿漉漉的!"

动物和人之间是可以理解和和谐相处的,只要人能尊重动物。这一点,森林可以作证。

1.本文由哪几个故事组成?它们之间有什么内在的联系吗?试作具体分析。

2.你认为"斯皮里多诺芙娜"在风雪之夜能胜利穿过国有林的原因是什么?

飞 鸟 们

◆(台湾)席慕蓉

实在是舍不得我心中那一只小小的燕子啊!

金 丝 雀

原来是为了怕妹妹寂寞,所以才买了一只金丝雀来陪伴她的。

那几年,在布鲁塞尔,我们姊妹俩在同一个学院上课,她修美术设计,我学油画,两个人平常总是同进同出。我们住在一幢十楼公寓的顶层,公寓很老式;电梯是装着要自己拉开和关上的那种两层铁栅门,摇摇晃晃的,每次上下,都有一种20世纪30年代恐怖片的气氛。加上公寓的门锁又很单薄,也没看到有什么防火梯,所以,我们在衣柜里,藏了一条用破了的丝袜所结起来的长绳子,想着万一发生了什么事,可以用这一条绳子从窗口吊下去。因此半夜里突然醒来的时候,心里也比较有一点安全感。

那个时候我已经认识了大卫,一到周末他就会来找我。两个人一起出去的时候,虽然都玩得很高兴,可是我心里总是会惦记着在家里的妹妹,一个人在顶楼的小公寓里埋头赶作业的妹妹,对她总有一点担忧和抱歉。

金丝雀就是在这样的一种心态下买下来的,我还在鸟店里挑了一个特别漂亮的鸟笼把它带回家去。

有了这只金丝雀以后,我们小公寓的气氛就真的不一样了。只要早上的阳光射进来,这只小金丝雀就开始唱起歌来,又清朗又婉转,有时候一口气可以变好几个调子,越拔越高,越高越亮,让还在床上的我们也跟着振奋起来,把毯子一踢,一天就这样跟着它的歌声快快乐乐地开始了,我们就给它取个名字叫"喜喜"。

喜喜是个男生,有极柔软的黄毛、极亮的黑眼睛,吃得不多,很爱洗澡,并且,好像也听得懂我们两个人说的话。有时候,我们会在把所有的门窗都关好之后,再把它放出来,它会高兴得在屋子里飞来飞去,但是,只要我们两人之中任何一个人伸出手,并且呼唤它的名字,它就会应声飞过来。有时候停在我们的手上,有时候会停在我们的肩膀上;我微侧过脸去的时候,几乎可以感觉到它的体温、它的微弱的呼吸、在柔软的羽毛下小小的心的跳动。它的浅黄色的趾爪很有礼貌很知道轻重地放在我的肩上。对它的这一份温柔的信任,我实在是又感激又欢喜。

我们都很宠爱它;我结婚的时候,妹妹搬到女生宿舍去住,就很慷慨地又把它转送给我。在我和大卫新找到的家徒四壁的公寓里,有个比较大的客厅,我就开始用钢架和铁丝网做了个一公尺见方的大鸟笼,到森林里面去捡了几束弯弯的小枝子来给喜喜做秋千;因为怕它寂寞,又去鸟店买了两对小鸟来陪它。大卫送我的那只安哥拉猫,没事就爱蹲在鸟笼的顶上,喜喜和它们也相安无事。朋友来的时候都会觉得很迷惑,走的时候总会发表一些感言:

"你们家很奇怪,猫不像猫,鸟不像鸟,不过,我倒是满喜欢的。"

这样奇怪和欢喜的日子过了两年,要回国了,只好商量着把猫和小鸟分送给朋友。这时候妹妹早已毕业并且到加拿大去做事了,我真庆幸她没有亲眼看到喜喜又被装回狭小的鸟笼,被人带走的场面。我自己做的鸟笼太大,根本出不了门,只好又一根一根地把它拆掉。那天晚上,小鸟都送走了,鸟笼也拆干净了,只剩下一堆空空的地板,我们的还没被送走的猫就一直在这堆角落上转来转去,并且还一直抬起头来轻声地呼唤着,好像在呼唤着它平日的伴侣。它来到我们家时还是一个小小黑黑的毛球,所有的小鸟年龄都比它大,也都容忍它。而两年以后,它已变成一只庞然巨物。可是,那天晚上,它的呼吸声里藏着一种很软弱很彷徨的感觉,粗笨的大尾巴在地板上拖来拖去,却始终不肯离开客厅的那个角落。我只好假装没有看见也没有听见,把卧室的门紧紧地关了一夜。

过了几天,朋友告诉我,喜喜在到他家的第一天,就在他换食的时候从打开的门里飞走了。

从那次以后,我没再养过鸟。

白 鸽

邻居的少年养了一只小白鸽,放假的日子,他们两个常会在我的屋前屋后出现。从窗里,我可以仔细地观察而不会惊动他们。鸽子和少年有很多相似的地方,都是瘦瘦长长的,都很年轻、很怕羞,又很孤单。

少年是寄居在他姑妈家里的,他自己的家是在台湾北部的海边,一家都以打鱼为业,从祖父到父亲一直到他的大哥,都是在海上讨生活的人。他是四个男孩中的老二,在小学三四年级的时候就被送到姑妈家来。父亲送他来的理由是:姑妈家附近的学校比海边的学校要好,将来也许可以多读一点儿书,在城里也许可以找到个好一点儿的工作,无论怎么样,都会比打鱼要强。

少年刚来到姑妈家的时候,黑黑瘦瘦的,只有一点点大,怎么逗他也不肯讲话,听说有时候一个人会躲在房间里偷偷地流泪。姑妈家只有两个小表姐,对他倒是很照顾,可是总是玩不到一起。小男孩早上一个人背着书包去上学,放学回来也就一个人孤单单地坐在客厅的角落里,我去找他姑妈的时候,常常会被他吓一跳。他也不出声招呼我,只用一双又黑又亮的大眼睛瞪着我,好像一只受惊的小鹿。

那个时候,我的凯儿才1岁,慈儿5岁,正是绕在我身边最需要我照顾的时候。有太阳的日子,两个又香又甜的小宝贝总是一个在怀里一个在身旁缠着我。我们母子三人在巷子里依依靠靠地散着步的时候,常常会遇到这个大眼睛的小男孩背着书包朝我们走过来。走近了仍然不打招呼,可是那双像小鹿一样的眼睛总忍不住多向我们望几眼,眼光里充满了多少的羡慕。

小小的年龄,小小的胸怀里承受着的是怎样无奈的一种寂寞啊!母亲有时候会来探望他,姑妈对他也不错,一到寒暑假父亲和兄弟也会早早地来接他回海边的家。

可是,在平常的日子里,在每一个普通的清晨和普通的黄昏里,小小男孩要面对着的,是怎样孤单和寂寞的一段童年,这样的一种缺失是没有什么可以补偿得了的啊!

一学期一学期地过去,他也就这样地长大了。今年已是国中三年级学生的他,体格是比刚来的时候壮多了,声音也变粗了。但仍然是瘦瘦长长的,仍然有一双黑亮的大眼睛,仍然有点怕羞,不过,已经可以在相遇的时候向我微笑,并且很有礼貌地出声招呼了。

我们居住的巷子里,六七年来,添了不少小男孩,和我的已经上了小学的凯儿一样,都变成了这个在海边出生的少年的忠实喽啰,整天都跟在他的身边转来转去。

他养的小白鸽也因而成为所有小男孩的宠物,每个人都争着想要向它献殷勤。放假的日子,我们屋前屋后因而总是充满了孩子们呼叫鸽子的声音。

可是,鸽子总是独自一个高高地站在屋瓦的上面,一动也不动,对孩子们的呼叫听若无闻。在澄蓝天空的背景之前,小白鸽的羽毛显得特别白,眼睛显得特别黑。

而在空中有鸽群飞过的时候,它的小小身影也因而显得特别的孤单了。

燕 子

初中的时候,学会了那一首"送别"的歌,常常爱唱:

长亭外,古道边,芳草碧连天……

有一个下午,父亲忽然叫住我,要我从头再唱一遍。很少被父亲这样注意过的我,心里觉得很兴奋,赶快再从头好好地唱一次:

长亭外,古道边……

刚开了头,就被父亲打断了,他问我:

"怎么是长亭外?怎么不是长城外呢?我一直以为是长城外啊!"

我把音乐课本拿出来,想要向父亲证明他的错误。可是父亲并不要看,他只是很懊丧地对我说:

"好可惜!我一直以为是长城外,以为写的是我们老家,所以第一次听这首歌时就特别地感动,并且一直没有忘记,想不到竟然这么多年是听错了,好可惜!"

父亲一连说了两个好可惜,然后就走开了,留我一个人站在空空的屋子里,不知道如何是好。

前几年刚搬到石门乡间的时候,我还怀着凯儿,听医生的嘱咐,一个人常常在田野间散步。那个时候,山上还种满了相思树,苍苍翠翠的,走在里面,可以听到各式各样的小鸟的鸣声,田里面也总是绿意盎然,好多小鸟也会很大胆地从我身边飞掠而过。

我就是那个时候看到那一只孤单的小鸟的,在田边的电线杆上,在细细的电线上,它安静地站在那里,黑色的羽毛,像剪刀一样的双尾。

"燕子!"我心中像触电一样地呆住了。

可不是吗?这不就是燕子吗?这不就是我从来没有见过的燕子吗?这不就是书里说的,外婆歌里唱的那一只燕子吗?

在南国的温热的阳光里,我心中开始一遍又一遍地唱起外婆爱唱的那一首歌来了:

燕子啊!燕子啊!你是我温柔可爱的小小燕子啊……

在以后的好几年里,我都会常常看到这种相同的小鸟,有的时候,我是牵着慈儿,有的时候,我是抱着凯儿,每一次,我都会很兴奋地指给孩子看:

"快看!宝贝,快看!那就是燕子,那就是妈妈最喜欢的小小燕子啊!"

怀中的凯儿正咿呀学语,香香软软的唇间也随着我说出一些不成腔调的儿语。天好蓝,风好柔,我抱着我的孩子,站在南国的阡陌上,注视着那一只黑色的安静的飞鸟,心中充满了一种朦胧的欢喜和一种朦胧的悲伤。

一直到了去年的夏天,因为内政部的邀请,我和几位画家朋友一起,到南部的国家公园去写生,在一本报道垦丁附近天然资源的书里,我看到了我的燕子。图片上的它有着一样的黑色羽毛,一样的剪状的双尾,然而,在图片下的解释和说明里,却写着它的名字是"乌秋"。

在那个时间,我的周围有着好多的朋友,我却在忽然之间觉得非常的孤单。在我的朋友里,有好多位在这方面很有研究心得的专家,我只要提出我的问题,一定可以马上得到解答,可是,我在那个时候惟一的反应,却只是把那本书静静地合上,然后静静地走了出去。

在那一刹那,我忽然体会出来多年以前的那一个下午,父亲失望的心情了。其实,不必向别人提出问题,我自己心里也已经明白了自己的错误。但是,我想虽然有的时候,在人生的道路上,我们是应面对所有的真相,可是,有的时候,我们实在也可以保有一些小小的美丽的错误,与人无害,与世无争,却能带给我们非常深沉的安慰的那一种错误。

实在是舍不得我心中那一只小小的燕子啊!

心灵体验

"感时花溅泪,恨别鸟惊心"说的是一个人陷入对时代的感叹和离别的痛苦中时,看见花也会流泪,听见鸟鸣也会感动受惊。

《飞鸟们》中分别写了三种鸟:金丝雀、白鸽和燕子。构思虽各有不同,用情却一以贯之,明写动物,实则抒发人类的至性、至灵、至情。

1.作者在《飞鸟们》中分别写了三种鸟——金丝雀、白鸽和燕子,这三种鸟分别寄寓了什么情感？表达了作者怎样的用意？

2.鸟与猫本是天敌,但喜喜与猫做了知己,这说明了什么？

3.《飞鸟们》中的三个小章节,你最喜欢哪一部分？为什么？

与 狼 共 舞

◆佚 名

使豺狼变得像人类般的友善。

不足为怪,劳丽·施米特无暇与两条腿的男人交往。在美国明尼苏达州的穷乡僻壤,她每天要花费四小时与四条腿的狼嬉戏。

晚上,当有空约会时,这位 28 岁的林业系学生却去寻找公路上被车压死的野生动物,将它们剥皮去骨,喂她那些被大多数人视为洪水猛兽的朋友。

"我生活中的人必须懂得狼对我的重要性。"劳丽说。她最后的一位朋友不懂得这一点,离她而去。现在只有劳丽和这群狼共同生活,而且,老实说,她不会半途而废,改变初衷的。"细心观察,你就会发现,狼有许多地方就像你和我,"劳丽说,"它们绝非嗜血成性地在树林里乱窜,它们的生活极富规律,照顾狼崽,分享食物。很久以前,人类就是过着茹毛饮血的生活,不得不像狼一样相互协作。"

人狼同居,这是设在明尼苏达州埃利市的国际豺狼中心实施的实验项目之一。其目的为:使豺狼变得像人类般的友善。这时,计划撰写一篇有关豺狼习性的毕业论文的劳丽,正巧在豺狼中心帮忙,所以当该中心进一步邀请她时,劳丽毫不犹豫地应允,成为狼的朋友。"狼始终对我有一种吸引力,我欣赏它们有组织的行动方式。"她解释道,"起初我有些害怕,但现在我非常敬重它们。"

它们教会了她这一点——通过一次血的教训。一天,劳丽走得离它们埋骨头的地点太近。"那条狼本性复萌,惩罚了我。"劳丽回忆道,"它咬伤了我的腿,伤口有一英寸深,是我破了它们的规矩,所以我是咎由自取。"

杰戴地和巴兰扎均为体重 100 磅的公狼,巴莎是只 75 磅重的母狼,它们既可能凶暴残忍,也可能调皮嬉戏。和劳丽在一起,它们的行为很像人类的最佳朋友——狗。

"我回家时,它们嗥叫,跳起来舔我的脸,围着我转圈,用腹部蹭我。"劳丽

91

解释道。

　　然而，并非只有快乐，劳丽"不得不与令人作呕的寄生虫及野兽的气味打交道"。尽管它们有这样那样的缺陷，但当实验结束，该重返人类生活的时候，劳丽会恋恋不舍的。

　　虽然人类一直在构想与狼共舞，但真正看到劳丽·施米特与狼嬉戏、同居时，仍忍不住为这位科学家捏把汗，当然，更多的是对她献身科学的敬重。

　　1.一般说来，科学家的语言应是科学客观的描述，劳丽·施米特是一个科学家，可是她在谈到狼的时候充满着感情色彩。你认为劳丽使用这种语言是否得体，简述一下理由。

　　2.劳丽被狼咬伤后说："是我破了它们的规矩，所以我是咎由自取。"而通常情况下，一般的人会怎样看待这件事？谈谈你的看法。

　　3.世界上有的民族崇拜虎，有的民族崇拜牛，有的民族崇拜蛇……也有的民族非常崇拜狼。在蒙古和新疆，一些故事和谚语中，狼是英雄的象征，有人喜欢以"狼"为人名；在欧洲一些国家的传说中，狼还被尊为人的保护神。比较一下另外一些民族对狼的态度，你能从中获得什么启示？

　　每一个生命种类的生存权利都是大自然赋予的，而不是人类的恩赐。人类应当摆正自己与其他生命伙伴的位置，切不可高高在上，君临一切。

人类的忏悔

　　"夜幕降临了,汽车前灯亮了,成百头怀孕的藏羚羊向危险地带狂奔而去。枪声四起,藏羚羊嘶鸣不止。飞扬的尘土染成了粉红色。"

　　"偷猎者驱车而去。一头藏羚羊苏醒时已经被剥去了皮,它不住地淌血。第二天,幼羚羊依偎在死去的母羚羊身上,吮吸着它的冰冷的乳头……"

——选自《镜头下逃命的藏羚羊》

鸽　债

当白鸽子试探着用嘴啄它的羽毛时，它竟然扇动翅膀去拍打白鸽子。

初春的天气清新自然，我像往常一样，看着心爱的鸽子在屋顶、空中盘旋飞舞。忽然，发现鸽群中多出一只白鸽子，脚上拴着红色丝带，在鸽群中格外显眼，而且这只白鸽子总是追逐着我家的一只灰色公鸽子。一连半个多月，漂亮的白鸽子几乎天天光临，和灰色公鸽子很是亲昵。我欣喜地告诉妻子："咱家的灰鸽子要娶妻生子了。"

两个鸽子形影不离，白色的母鸽子索性就住在我家了。它们一灰一白的翅膀在空中和谐地扇动，比翼齐飞的身影很是优美。休息的时候，两只鸽子站在阳台的窗户上，温柔的白鸽子依偎在灰鸽子的身边，灰鸽子则不时用嘴为白鸽子梳理羽毛，咕咕不停地叫着，仿佛有说不完的"情话"。

每当我给鸽子喂食的时候，灰色公鸽子遇到好吃的食物，就会用只有它们两个能听得懂的叫声呼唤着白色母鸽子，白色母鸽子就乖乖地跑过来把食物吞下。

天气变得暖和起来，小区周围的杨树抽出了嫩绿的新芽，白鸽子和灰鸽子的"爱情"也发展到了如火如荼的地步。在"爱情"的滋润下，白鸽子越长越健美，声音也更加动听，白色的羽毛光滑且富有质感，在阳光下闪着光泽。灰色的公鸽子更加帅气雄壮，俨然一副"伟丈夫"的势头。过了一段时间，它们的爱情有了结晶。白色母鸽子开始在它们的"爱巢"中孵育自己的"小宝贝"了。

一个月后的一个清晨，柔和的阳光洒在鸽子的"爱巢"中，两只小鸽子摇摇晃晃地走了出来。我发现小鸽子的绒毛灰不灰白不白的，特别难看，一点儿都不像漂亮的"妈妈"，我非常失望。可是灰白鸽子毫不嫌弃自己的"小宝贝"，细心地给它们喂食。一天，邻居来做客，看到两只小鸽子，特别喜欢，我就从窝里把小鸽子抱出来送给了邻居。

晚上，白鸽子和灰鸽子飞回来，发现小鸽子不见了，互相咕咕地叫了几声，似乎在问：我们的孩子呢？找了半天没找到，它们又飞到外面去找。这时，天色暗了下来，一场大雨就要来临。两只鸽子在铅色的乌云下低低盘旋、哀鸣、呼唤着。大雨瓢泼而来，我担心鸽子被淋坏了，打着鸽子哨叫它们回来，但它们不为所动。不知过了多长时间，两只鸽子终于回来了，以往光光的羽毛被淋成一绺一绺的，像旧抹布

95

一样。深夜，一切都静下来了，雨还在淅淅沥沥地下着。其他的鸽子休息了，只有灰色公鸽子和白色母鸽子不停地咕咕叫着，那声音在静夜里显得格外凄凉。妻子埋怨我不该把小鸽子送人，惹得老鸽子成夜地叫唤。我也被叫声弄得翻来覆去难以入睡，便起身来到阳台。

夜色下，两只鸽子偎依在一起，小小的眼睛在黑暗里闪动着，灰色公鸽子叫一声，白色母鸽子也接着叫一声，像在呼唤着它们丢失的孩子。

后来，我在早市买了一只浑身雪白的公鸽子，想把家中的白色母鸽子"嫁"给这个雪白的公鸽子，以便生下纯白的小鸽子。

我打开窗户的夹层，想把白色公鸽子放进去，把灰鸽子换出来。谁知灰鸽子扑扇着翅膀不肯出来。旁边的白色母鸽子也大声叫着，表示不满。后来我只好强行把灰公鸽子抱出来，将买来的白色公鸽子放了进去。晚上，我下班回来，发现灰色公鸽子仍站在阳台上，望着窗户夹层里的白色母鸽子咕咕叫着。外面，火红的晚霞烧遍了天空，余晖映照出灰色公鸽子孤单的身影。我看得有些心痛，就拿了一些玉米粒喂它，嘴里叨念着："等小白鸽子生下来，我就把母鸽子还给你。再等一段时间吧。"谁知，灰色公鸽子对送到嘴边的食物看都不看，仍然望着白色鸽子咕咕叫着，像在倾诉着无尽的思念。

我想让灰鸽子慢慢地忘了白色母鸽子，就把它和其他的鸽子放在一起，灰色公鸽子却没有和其他鸽子一起飞出去，而是孤零零地蹲在笼子里，一双眼睛无神地半张半闭着，时而发出几声无力的叫声。我把灰色公鸽子从笼子里赶出去，想让它到外面散散心，可它每次都是刚飞出去就很快飞回来，我把灰色公鸽子的嘴掰开，强迫它吃东西，它使劲摇着脑袋，把塞进嘴里的食物都吐了出来。

眼看着灰色公鸽子一天天消瘦下去，我有些不忍心了，可是心里又特别希望得到纯白纯白的小鸽子，不想放弃将要实现的计划。于是，我买来一只和原先的白色鸽子相像的鸽子，把它和灰色公鸽子放在一起。但灰色公鸽子对新来的白鸽子态度十分冷淡，对方向它咕咕叫着，它无动于衷。当白鸽子试探着用嘴啄它的羽毛时，它竟然扇动翅膀去拍打白鸽子，白鸽子还怎敢靠近它！

灰色公鸽子绝食的第五天，那是个和往常一样的早晨，太阳的光芒早早地光临了阳台。灰色公鸽子变得和往日有些不同。它努力站起身来，缓缓走出鸽笼，我惊喜地把它放在阳台上。它在阳光下静静地站着，似乎在思考着什么。忽然它扇动了一下翅膀，嘴里仿佛还叫了一声，但它太虚弱了，也许只是喉咙动了一下。它无神的眼睛看了一眼窗户夹层里的白色母鸽子，然后就以一种飞翔的姿态，在早晨的阳光中，径直从四楼阳台上坠了下去。速度之快，让我来不及做出任何动作……回过神来，我跑到阳台上，楼下一地明晃晃的阳光，灰色公鸽子娇小的身躯静静地躺在水泥地上。它那么小,瘦得几乎只有一只幼鸽那么大。楼下行人匆匆,蓝天上仍有鸽子在成群地飞翔,我的眼睛湿润了……

当天,我把灰色鸽子的尸体埋在了郊外,并将同样消瘦不堪的白色母鸽子从窗户的夹层里放了出来。从此,我一直陷在深深的自责之中,不肯轻易地提起这个伤心的故事……

瞧,我们都做了些什么!一对相亲相爱的鸽子,却被我们活生生地拆散,以至于一只殉情,另一只也消瘦不堪。人啊,千万别忽视弱小生灵的爱!

1.灰色公鸽子死了,谁之错?错在哪里?

2.由灰色公鸽子的死,你想到了什么?

3.动物也有语言吗?如果有,你能解读白鸽子和灰鸽子之间的语言吗?

镜头下逃命的藏羚羊

◆刘元举

一头藏羚羊苏醒时已经被剥去了皮,它不住地淌血。

由格尔木跑出去不到一小时,就到昆仑山口了。昆仑山口很光秃,没有什么色彩。一块儿不很规则的火山石上,镌刻着几个鲜红大字:"昆仑山口"。

草原轻柔漫展,随着我们行驶的节奏而荡开高原的韵律。草原不够丰厚,也看不出多么肥美,甚至没有形成绿的层次感。偶尔能够看到一个小水湾,闪动着清纯的草原的灵性,在一个小水湾旁边,我竟捕捉到了一只孤独的藏羚羊。

与那么辽阔的空间相比,它显得过于渺小了,因而格外令人怜悯。我被这种情绪感染着,我觉得藏羚羊肯定通人性。对于像我这种远道而来的摄影人,的确是抓取到了一个悲天悯人的镜头。我取出三角架,将收缩的每一节拧松,伸开,以三点的方式稳定于高原上。

待我贴近取景窗,随着长焦镜头的缓缓调动,我与藏羚羊一寸寸挨近了。我能够看到她身上不易分辨的毛色中掺糅的杂色,还有它那娇媚的充盈着生动气息的唇线。它的腿很细很修长,身体的流畅轮廓在高原的光照下显得温情脉脉。

当我定格在它的眼睛上时,我却受到了震动。它的眼神里怎么飘泄出一串惊恐的光斑,带动着全身微微战栗。还未等我读懂它的惊恐来自何处,这只令人垂涎的小生灵竟然掉头狂奔。

我茫然无措地搜寻着来自它周围的苍茫的空间中的威胁物。显然,我没有找到,只能任凭它像个不规则的亮点在远处的苍穹中变得越来越恍惚。正是在这种恍惚中,我下意识地瞅瞅我那架照相器材:探出的长镜头像枪口一样,正瞄准了这只无辜的小生灵。于是,我明白了我的错误——受惊的它一准是把我照相的架势,错以为射击的姿势了。它是担心,我的按住快门的手会在瞬间发射出夺命的子弹。

猎猎寒风扯破了天边的云朵。我缓缓收起我的照相器材,一片惆怅中,我看到了这样的文字:

"夜幕降临了,汽车前灯亮了,成百头怀孕的藏羚羊向危险地带狂奔而去。枪声四起,藏羚羊嘶鸣不止。飞扬的尘土染成了粉红色。"

"偷猎者驱车而去。一头藏羚羊苏醒时已经被剥去了皮,它不住地淌血。第二天,幼羚羊依偎在死去的母羚羊身上,吮吸着它的冰冷的乳头……"

这段文字已经从一张报纸上拓印在我的心上了,并且不断开始折磨我:从我的镜头下逃去的那头藏羚羊,会不会就是这只吮吸过冰冷乳头的孤儿呢?

世间每一种生命都有生存的权利,敬畏生命应该成为当代人的共识。因为只有这样,人类才能拥有美好的生存空间。

人啊,善待你们的朋友——自然界的弱小生灵!

1.草原应是丰腴肥美的,可是没有;草原应是跌宕错落的,可是没有。有的只是那么一湾小小的水域,只是那么一头孤独的藏羚羊。为什么?

2.藏羚羊娇媚可爱。它的毛色不一,唇线生动,腿修长,轮廓流畅,在高原的光照下显得温情脉脉。可是,作者为什么觉得它格外"渺小"?格外令人"怜悯"?

3.为什么作者想到了"尘土染成了粉红色"?想到了被剥了皮的藏羚羊?想到了那从镜头下逃去的藏羚羊或许就是"吮吸过冰冷乳头的孤儿"?

鸟　语

◆[美]喻丽清

> 公冶长的"释鸟语书"不写也许是聪明的；上帝没给我们翅膀也许是故意的。

在康乃尔大学出版的鸟类学季刊上曾经看到过一篇专讲烟囱雨燕的文章，所以我就猜想我那烟囱里的从未谋面的邻居是雨燕吧。那文章里形容成千只雨燕黄昏时归巢的情景——"宛若一缕缕黑烟倒吸回烟囱里去一样"。燕子成了轻烟的化身，使我面对归鸦数点的天空或听见烟囱里一阵吱喳的时候，多得许多额外的诗意。

有时候我也很留心地听那烟囱里传来的鸟声，想记录一下，好像研究学问的样子。可是，文字的无能为力，真叫人泄气。我不禁想到公冶长那个了不起的鸟类学家，大概也是受了文字的限制，才没有留下关于鸟语的著作的。

一张图片抵得上千言，一句鸟声跟一小节音乐一样。文字跟照相机和录音机比起来，真像是一种落伍的"手工艺"。

近来无事，以翻阅《台湾鸟类彩色图鉴》自娱。看到张万福教授所注有关各鸟的鸣声，非常之精彩。始信手工艺亦有巧拙，事在人为。

譬如：冠羽画眉的鸣声是"土米酒、土米酒……"如果想成 Please to meet you——to meet you(会见)……任谁听了(或看了)都会莞尔一笑。可是，这种联想，并不容易，好像一门"翻译学"。

最约定俗成的例子，要算布谷的鸣声了。每"谷雨后始鸣，夏至后乃止"的这种尸鸟鸠，农人们大都称它勃姑、小姑、步姑，到了读书人的耳里，就成了"布谷"，好像催人赶快播种耕种似的。其实，鸟儿们自己边叫边忙恋爱、忙成家，非常自顾不暇的。

有几种鸟，若能把它们放在一起，而听它们轮流叫的话，一定极有意思。像打电话：

小鸟秋：喂喂、总机——

鹦嘴鸭：嗯嗯——谁呀？

黄山雀：是谁——是谁——

有些鸟声是与我们相熟的声音类似的，"翻译"起来倒还不难。像褐色丛树莺：像打电报，滴答滴、滴答滴。白耳画眉：像机关枪又急又快的"得得得……"。五色

99

鸟：如和尚诵经时的木鱼声。琉璃鸟：似刹车声"吱——"

有两种鸟像人们的笑声——大笑如"喔——嘿、嘿、嘿"的是白喉笑鸫；轻率的笑"啼、啼、啼、啼——啼、啼"的是金翼画眉。

有的如小鸡叫(青背山雀)；有的如猫叫(水雉和鷦莺)；有的单纯"追、追、追"，"救、救、救"的；有的极为复杂，复杂到山胞们用它——绣眼画眉——的叫声之次数及发音位置来定吉凶，是谓鸟卜。

至于鸽子那种"咕——咕噜咕"含着一口痰似的"丑陋声"和猫头鹰"忽——忽忽——忽"之类的声音，都不知道算不算我们一般观念里的"鸣"声了。

大抵"鸣"总要悦耳才行，有的鸟声也的确可以用五线谱来记录。譬如：雄的白尾鸲就唱的是"咪——哆来咪"。最巧的是有一次在电视节目"信不信由你"中介绍一种鸟的叫声，跟贝多芬的第五交响乐开头四个音完全一样。

知识是一种沉重的负担，有时候谁不想听懂鸟语呢？可是，人类的贪得无厌并不会因享受"能懂"的乐趣而中止的。目前，我们对于鸟语，还仅只停留在知道它们的作用大都用在"求偶"之时，而我们已经发明了一种哨子，吹出来的声音跟雄雁向雌雁求爱的声音相像，结果猎鸭猎雁季节，这一种"鸟语"却纷纷成了凶器。

你怎么能想像用"爱与性感的召唤"做成一种骗局，来行猎、来取乐？我想，猎鸭的那些打猎人，大概不会想到那些死于枪下的呆头鸭，多半是些盲目的"殉情者"吧！

除了骗，人类还有"好为人师"的欲望。为了训练八哥说话——说人的话，据说是要把鸟舌"修剪"一下的。此外，把鹈鹕的脖子上套个环，用来做捕鱼工具，把好看的鸟羽扯来做帽子或捕了黄鹤圈在笼里消遣……公冶长的"释鸟语书"不写也许是聪明的；上帝没给我们翅膀也许是故意的。

虽不能上天，听到熟悉的鸟声如见故人一般也是好的。

虽不懂鸟语，知道烟囱里的房客是我会飞的朋友也是美的。

知识虽然沉重，却仿佛是我们惟一可求的翅膀，能带我们飞入另一种情境。

各种鸟都有各自独特的鸣声。正因如此，才有了"百鸟和鸣"，这个世界才充满了生机，充满了斑斓的色彩。可是"聪明"的人类却利用鸟语来捕捉它们。

人类，也许是最凶猛、最难对付的动物。

1.为什么说人类贪得无厌？结合本文谈谈。
2.你怎样看待本文中所说的人类好为人师？
3.你熟悉哪些鸟的叫声？能用文字把它们的叫声描述出来吗？

树 的 回 忆

◆肖复兴

> 我们再也不会跪倒在一棵树下，或希望死后变成一棵树。

树 的 语 言

我常常想起完达山。其实，我只进山伐过一次木。在北大荒的时候，只要天气好，我几乎天天可以望见完达山，它好像离我们不远，但望山跑死马呀。渴望进山看看，那时不只是我一个人的愿望。

那一次是冬天，我们是坐着爬犁去的，几匹马拉着，爬犁飞快地跑着，可以和汽车比赛，雪地上飞起飞落着小巧玲珑的雪燕，那情景有些像童话，仿佛我们要赶去参加森林女王举办的什么舞会。

对于森林，对于树木，我从来都有一种童话般的感觉，它们都是有生命的，这是不用说的了，它们的生命都刻进它们的年轮里。只是它们不会说话，虽然风吹过时它们的树叶也会飒飒地响。但是，它们如果真的成了精，会说话了，还会有今天这样对于我这样童话般的感觉吗？我相信是没有了。

有时候，看见它们尽情地摇摆着枝叶的样子，总让我想起聋哑人的手语，尽管他们说不出话来，但那无限丰富的表情和表达，一点也不亚于我们的语言，他们在手指间，在带动的整个手臂的舞动中，多么像是风中树木摇曳多姿的枝条。

我相信那就是树的语言。

严峻日子里的女友

契诃夫在他的剧本《万尼亚舅舅》里，借工程师阿斯特罗夫的口，一再表达他自己的这种思想,即森林能够教会人们领悟美好的事物。森林是我们人类的美学老师。

契诃夫的后辈,康·巴乌斯托夫斯基在他的小说《森林的故事》里,将契诃夫这一思想阐释得更为淋漓尽致,他说:"我们可以看到森林中淋漓尽致地表现了庄严的美丽和自然界的雄伟,那美丽和雄伟还带有几分神秘色彩。这给森林添上特别的魅力,在我们的森林深处产生着诗的真正的珠宝。"他借用普希金诗说森林是"我们严峻日子里的女友"。

也许,只有森林覆盖率达到百分之三十以上国家里的人们,才会和森林有着那样密切彻骨的关系,才会对森林产生那样发自心底的向往和崇敬。森林很少而且越来越少的我们,离美也就越来越远。对于森林,我们更看重的是它的实用价值,最好它被伐下木头直接变成我们的房子和家具。我们严峻日子里的女友,也就变成了灯红酒绿时分风情万种的女人。

椴　树

椴树,在北大荒非常常见。夏天,椴树开满一树小白花,在阳光的照射下,满树像是披挂上细碎的银片,风吹来,枝条上飞满闪闪发光的小精灵,带动得树都要飞起来似的。如果是一棵一棵的椴树连成了一片的林子,遮天蔽日的白花飞舞着,更是一种壮观。那是椴树一年四季最辉煌的时候。

这时候,北大荒的老乡们常常会放蜂群到树林子去采椴树蜜。椴树的花不香,蜜却很甜,而且有股子独特的清新味。可以说,椴树蜜是北大荒的一大特产。夏天,老乡常常用椴树蜜冲水,把瓶子吊进井水里,这是那时"冰镇"的土法子。收工后,我们常常去井边偷喝一瓶子这样的椴树蜜水,那是那时的可口可乐。

1982 年的夏天,我大学毕业,专程回了一趟北大荒。在我们队里的烘炉前,见到的第一个人是烘炉的老孙,他把手里的活交给徒弟,一把拉着我的手到了他家,赶紧叫他的老婆给我拿水喝。他老婆端上来一瓶子水,还没喝,一股子清香味就从瓶口溢了出来,瓶子的清凉已经通过我的手心渗进我的心里。是刚刚从井水里打上来的椴树蜜水。

21 年过去了,我再也没喝过这样的椴树蜜水。我再也没见过椴树。

柞　树

在北大荒冬天里看柞树,是非常漂亮的。

那时候，几乎所有的树上的叶子都掉得光秃秃了，只有它的树上还会飘着叶子，任寒冷的朔风再怎么吹，摇摇晃晃，摇摇晃晃，就是不肯落下枝头。它那种顽强的劲儿，总让我忍不住想起在电影《保尔·柯察金》里看到的保尔，在朱赫来的一次次拳击下倒地一次次摇摇晃晃地爬起来接着再打的样子。这是只有那个时代才会涌起的联想和比喻。

柞树的叶子火红火红的，在平常的日子里，它也不显得怎么特别的红，但到了下雪天，它就像经过了化学反应似的，一下子变得红得耀眼，像是蹿起来的一团团炽烈的火苗，和被风狂吹乱舞的雪花尽情调情似的抖动着自己的身段，与雪花共舞一场《卡门》里的斗牛士之歌——当然，这是现在的联想和比喻。

在那时远离北京而格外想家的日子里，我们常常把它当成香山的红叶，和东来顺的涮羊肉、稻乡村的芙蓉饼、信远斋的秋梨膏、六必居的八宝酱瓜之类搅和在一起，来一番精神会餐，进行自我安慰。

如今，它已经成为了我们青春的一种象征，我们回忆的一种色彩。

树 在 河 边

树在河边，比树在路旁更让人感到合适。

树在路旁是为他人而活着的。树为他人遮阴，树为他人排队，树为他人开花，树为他人披挂上满身的节日的彩灯闪烁。

树在河边是为自己而活着的。河水里有树的影子，并不是为了顾影自怜，而是写着自己的心事与心情，河水荡漾的涟漪把树写得满满的信笺传去，化为了一缕缕湿润的诗行。

哪怕河水结冰了，照不出树的影子了，树的叶子也落尽了，只剩下光秃秃的枝条了，有河在身边，冰层下面涌动着水流，在树的根系下也会有交流和相逢。河永远在树的身旁，就像是树也永远不会离开河一样，而不会像路旁过往的行人，和树相会在匆匆之中，也相忘在匆匆之中。

人向往的是明天。路向往的是远方。树向往的是水。

孤 独 的 树

在田野里，在山坡上，在远离森林的地方，常常能够看到孤独的树立在那里，大多是一些老树，盘根错节，枝干遒劲，苍老的枝条在风中抖动着，无声电影一样显得那样的哀婉苍凉，让人想起自己年迈的父母，想起悠长逝去的岁月。

特别是茫茫的戈壁滩上,如果见到这样孤独的树,你会有一种他乡遇故知的感觉,有一种突然的怦然心动,因为在四周一片荒无人烟的寂寥包围中,它就是惟一的生命,伸展着枝条,告诉你即使是在浩瀚无边的荒凉之中,也有着生命的召唤和守候。

那一次,车子在青海的戈壁滩上整整跑了一天,窗外除了浑黄还是浑黄一片,单调得犹如魔鬼一样死死缠着你。这时候,突然看到前方的左侧出现了一棵大树,树枝上没有一片叶子,光秃秃的,黑黝黝的,不知是死还是活着。但是,它的出现让昏沉沉了一天的人们立刻都兴奋起来,仿佛意外地和自己的什么亲人或伙伴邂逅相逢。

车子开远了,孤独的树,还是孤独地站立在那里。夕阳正在它枯瘦的枝丫之间衔着,映照得整个树似乎都在燃烧。那一刻,它老树成精,仿佛成了神话中的一个孤胆英雄。

树 的 敬 畏

古罗马的哲学家奥古斯丁,羞愧于情欲的纠缠而想跪拜在神的面前忏悔,他没有去到教堂的十字架前,而是跪倒在一棵无花果树下。

古罗马的诗人奥维德,在他的诗《变形记》中所写的菲德勒和包喀斯那一对老夫妇,希望自己死后不要变成别的什么,只要变成守护神殿的两棵树,一棵橡树,一棵椴树。

在那遥远的时代里,树是那样地让人敬畏。

如今,我们还有这样对树的敬畏之心吗?

也不能说真的一点儿也没有了。没听说不少的城市里把远离百里千里之外的古树移栽到城里的事情吗?不少人因而从事着这样找树移树的中间商的工作。我们以为把古树请到城里来,就是一种对树的敬畏,好像它们再也不用在荒郊野外去餐风饮露了,可以过上饭来张口衣来伸手的日子了。但是,纵使我们天天为它们浇水施肥,再加以护栏保护,它们很多还是很快死掉了。

以为请来古树就会增加城市的文化与历史的厚重,本是一厢情愿的事情,是为了自己打算而不是为了树的利益。而那些疯狂去找树移树的人,不过像是以前为皇帝或富贵人家找妃子一样,为了钱而不顾树的生命。

在商业时代,在缺乏信仰的时代,树只是一种商品而不再是一种自然之神。我们再也不会跪倒在一棵树下,或希望死后变成一棵树。

人类往往以自我为中心,却忽视了其他生命。好好地去读一下树吧,也许你会有不少的收获。

1.假如树有语言,假如树能开口说话,它会对我们说些什么呢?

2.作者说"树在路旁是为他人而活着的","树在河边是为自己而活着的",你怎样看待作者的这一观点?

3.为什么在遥远的时代里人们会敬畏树,而在现在却对树失去了敬畏之心?

我 是 乌 鸦

◆李 森

没有把一个好人埋进地狱,也没有把一个恶人送上天堂。

我是乌鸦,我的羽毛已经黑透。当然,我还不是天下最黑的乌鸦,最黑的乌鸦是乌鸦中的王者。王者管理着所有的乌鸦,是乌鸦道德和精神的象征。可是,任何乌鸦也没有见过乌鸦王。据说,它栖居在世界上最高的树冠上,在那里,它能看见人世间所有的乌鸦。它监视着乌鸦们的一举一动,使它们对自己的事情尽心尽职,不敢像无名小鸟儿们那样庸俗地唧唧喳喳。我很想拜见这只伟大、光荣的乌鸦,可是,我不知道世界上最高的树生长在哪里,也不知道我终生的飞翔是否能找到它,看一看它肥胖的肚子和无与伦比的羽毛,摸一摸它的座位。

我们亲爱的乌鸦王管着我们的叫声,只有它才能听得清我的叫声是否准确,是否符合唤醒世人的那种节奏,那种凄楚。大家都知道,我们乌鸦是负责"叫丧"的。我们的声音应该能警醒世人,可是令我痛苦的是,我们的声音越来越没有人听了。人们都嫌我们烦,他们喜欢喜鹊和鹦鹉。世人都觉得喜鹊和鹦鹉的声音好听,羽毛好看,而讨厌我们这些黑鸟无病呻吟。因此,我是越来越孤独了。我有个毛病,一孤独,就想起我们亲爱的乌鸦王。

可是,我们亲爱的王者到底在哪里呢?它把我们派到人世间,但我们好像是在懵懵懂懂中就被派到这世间来的。等我们一清醒过来,才发现我们已经在这个世界上了。因此，我们不知道自己的来路，只知道在很远很远的地方有一个王者，它是我们的后台老板。我们不能违背老板的意志，否则，我们就不能再当乌鸦了。

我们乌鸦天生的座位是大树，那些小灌木丛，我等是不会去做窝鸣叫的。站在大树上，才舒服，叫声也才能传得很远。就拿我自己说吧，我也找到了自己的一棵大树，在那里搭起了一个平台，做了一个窝。我经常在大树上叫，从来不敢偷闲，特别遇到天阴下雨，遇到人世间有什么灾祸即将降临，我就叫得更卖命。因此，人们也就更加讨厌我，甚至对我恨之入骨。有人用铜炮枪射了我好几次，幸好每次都偏了一点儿。有一次，趁我不在，一位少年还爬上树去抄了我的家，弄得我无家可归。

人们都以为是我坏了他们的好事情，我的叫声使他们的亲人送了命。事实上，他们是彻底冤枉了我。是的，我是能看见人看不见的事情，我能预卜生和死。也就是说，我能超越时间和空间，撕破挡住人们视线的那一层白纸，但是，人们不知道，我的叫声和我的预见性完全因为天命使然。我没有在其中做过什么手脚，没有把一个好人埋进地狱，也没有把一个恶人送上天堂。我之所以"叫丧"而不"报喜"，只是出于我的天性，我不得不叫，因为我是黑乌鸦。我天生就是黑的，我必须忠于我心中的王者。

我知道我有点愚蠢，不会唱好听的歌，我不能迎合人心，不适合养鸟者饲养。养鸟者好养的鸟，首先要求这种鸟要有可塑性，要能改变自己天生的歌唱习惯，通过学习，要能掌握住养鸟者爱听的旋律，也就是要舍得放弃自己笨拙的天籁之声；其次，脸嘴要好看，甚至要打扮自己的羽毛，把它涂抹成适应环境的颜色，像黄鹂那样该黄就黄，像鸳鸯那样该抒情就抒情。总之，要能适应鸟体制的要求，能上能下，哪怕下到阴沟里，下水，在污泥浊水中凫水，也要像鸭子那样欢乐地呱呱叫。还有，该给饲养者下蛋时，就要下蛋。千万不要害怕屁股疼痛，下几次也就习惯了。要知道，习惯成自然，一旦习惯了，若是不下蛋，还不舒服。有的小鸟儿是专门养着下蛋的，比如鹌鹑。但鸟儿毕竟也有老的时候，下不出蛋来了，就害怕被抛弃，孤独寂寞，无所适从。当然，最后还要献出自己的肉。下油锅一炸，很脆。

这些鸟的命运，我在高处都看在眼里，记在心上。有时候想想那些被饲养的鸟，我的心里倒有了安慰。虽然一些人对我敌视，害怕我的叫声，但比起关在鸟笼中的鸟儿来，我的孤独又算得了什么。被饲养，就要付出代价，这个道理小鸟儿们也明白，只是对于小鸟儿们来说，不被饲养，不能进入鸟笼，则更恐惧。有一次，我就听见一只小鸟儿在跟另一只小鸟儿谈心，说它失落得要命，因为它的叫声老是不能动听起来，于是就被抛弃了。说着，小鸟儿还流了几滴泪。而另一只小鸟儿则安慰它，不要伤心，只要好好地训练歌唱，以后一定会找到鸟笼的。那时我真想让小鸟变成一只乌鸦,让它的个子长大一点儿,羽毛变黑一点儿,翅膀硬朗一点儿,飞得高一点儿。但是,种和类之间的差别是如此之大,以至于我们之间几乎没有什么共同的语言。更让我感到可悲的是,小鸟儿们竟然还经常在房前屋后,在灌木丛中议论我。它们甚至可怜我不识时务。还说,这样乌鸦会有什么前途!

我不得不说,我们乌鸦被误解的历史已经很久远了。不知从什么时候起,人们就不再相信我们。而在最早的时候,人们是崇拜我们乌鸦的。在西方,有一个神话传说把乌鸦看做太阳神阿波罗的信使,那大概是个崇尚黑色的时代,因为我们的毛是那样纯粹,那样单一得无与伦比,没有一点儿杂色。或者说,那远古的时候,鸟体制还没有建立起来,人们还心仪高飞的鸟儿,崇尚责任心和正义。但后来,后来的后来,人的心智堕落了。人的梦想不再需要翅膀,不再需要在事物中照见自己。人太过相信自己的能力,被自己的欲望所欺骗。人成为了自己建立的体制的奴隶。恐惧来自于自身,但人们并不知道。渐渐地,人就自以为是与事物划清了界限,形成了人与物、人与世界多元存在的格局。我们鸟类,特别是乌鸦,也就离人们越来越远了。

我形成了动不动就回首往事的习惯,时常自言自语,蹲在树头上讲几个老掉牙的故事。只可惜所有鸟耳朵都背对着我,那些鸟只爱听流行歌曲。因此,我越来越怀疑,我的存在是不是只在梦中。亘古之初,混沌初开,那是多美的世界啊。我们乌鸦带着自己的本色,带着自己在人们梦想中的光荣,在一尘不染的天宇中飞翔。我们的正义是无须说出的,飞翔本身就是我们的正义。因此,我们自己就是自己的王,我们受自己内心的激情和天道的法则驱使而飞,我们就是这种法则显露的形式。

在冥冥之中,我还能记得我们的祖先飞翔的光荣。人们都知道,在神话传说中,东方的汤谷里有扶桑树。这扶桑树其大无比,树高 80 丈,叶子有 6 尺宽,1 丈长。扶桑树上栖居着十个太阳,一日在上,九日在下。一日方至,一日方出。这十个太阳自己不会上天,因为太阳没有翅膀,它们上天要靠一种鸟驮着。而人们似乎已经忘记,那驮着太阳升上天空,为大地带来光明的,就是我们乌鸦,我的祖先。只是人们怕我们站不稳,就想像我们是有三只脚的。其实,我们只有两只脚,照样站得很稳,照样能驮起太阳。后来,人们开始崇尚英雄,他们塑造了自己的弓箭手后羿,射下了九个太阳,留下一个。事实上,后羿射下的是九只乌鸦。还有一种说法,说十只乌鸦在十个太阳之中,乌鸦是火鸟,它们在太阳中发热,晒得人们受不了。当然,又是弓箭手后羿射下了九只乌鸦,那九个太阳也就不存在了。后羿射日这件事情并不简单,因为人们自己射杀了自己想像的翅膀,从此,人走上了不归之途,人离开天人合一的存在越来越远了。

作为乌鸦的后代,我怀念着祖先,这种怀念是痛苦的。在当今人们的心目中,那本来属于我们的位置,被雄鹰占据了。可是,雄鹰虽然也飞得高,但是它们根本就不管人类的事务。鹰在天上飞,却对人世间的苦难视而不见。面对沧桑世间,它无声无息就从上空飞过去了。它们纯粹为飞翔而飞翔,那境界虽高,但却是很自私的。而不识好歹的人,还对它们的飞翔赞不绝口。那些男子汉,还常常自比雄鹰,这怎么能让我们乌鸦受得了。不过我自己并不后悔,人们对我误解越深,我就要更加坚强,明白作为乌鸦的责任。总之,我要对得起我身上的羽毛,对得起我心中高高在上、永远在上的王者。

在我的乌鸦生涯中,我有两个目标要实现。第一个目标我已经说过,就是寻找至高无上的王者;这第二个目标,就是我要想方设法飞进人心去察看一番,看看这人心到底是什么样子。实现第二个目标并非易事,人心隔着肚皮,我实在找不到进入的门槛。好在有一次我在夜里遇见了一只猫头鹰,它告诉我,要进入人心,必须在夜里飞。越黑暗的夜,越容易进入,因为人心无门,而黑暗便是门。我按照它的指引尝试了一番,果然见效。在一个黑透的夜,我飞进了一个人的心中。那人是个成年男子,他的心壁上已经长了老茧,茧有点黑,且很坚硬。他的心灵空间灰蒙蒙的,其中的事物,多数都看得不太清楚。但可以肯定的是,那空间不大,如果我飞得太勇,就会一头撞在心壁的老茧上。要是撞上去的话,我的乌鸦头非出点血不可。不过,我飞来飞去,看了又看,还是发现了一些蛇蝎之类的动物。它们正在荒芜的地上玩耍,它们几乎成了那颗心的主宰。我还考察了我们鸟类的状况。令我奇怪的是,此人心中飞着的鸟,几乎只有喜鹊和鹦鹉,我的同类一只也没有。看来这两种鸟繁殖很快,一只母鸟一年要孵出好几窝。

说真的,我觉得人心没什么意思,但我还是忍不住再去考察几次。毕竟,这个领域是神秘的。还有一点是,我不相信人心都那么恶心,那么枯燥无味。我渴望着飞进甜蜜之心。要是飞进一个澄澈无比、至真、至善、至美的心灵中,我也许会忘记出来,永远忘记出来。当然,我也要为我的神圣职责而探索,若是遇到高贵的心灵,我就要想方设法唤醒他,用我真诚而又凄楚的叫声唤醒他。想到这一点,我激动得热泪盈眶。

在另一个黑透的夜里,我又潜入了一个人心。这次我看见另一番景象,空间比较透明,山水也比较秀美,空气也很可人。只可惜,我还是发现了几粒仇恨的种子,那种子正在一种火焰般燃烧的力量的催促下发芽,那是扑不灭的火焰,那是不能不炸开的种子。过了几天,我看见那人在光天化日之下,手持一把刀出发了。他要按照他的逻辑去寻找仇人,刀要按照刀的逻辑去吸吮鲜血。这是一个复仇者。

随后,我又去考察了几个人的心灵。这些心灵略有所异,但有一点相同,就是他们的心灵空间中都只有喜鹊、鹦鹉和各种花色品种的小鹊，没有乌鸦。这一发现使我很恐慌。有时我甚至怀疑自己，怀疑所有乌鸦存在的意义。

　　不过，说心里话，如果我不叫的时候，倒真的觉得好受些，叫起来反而感到空虚。特别是刚叫完之后的那种空虚，真受不了。有一天，我竟自卑得差点儿从树枝上掉下来。然而，我还是要叫，因为我是乌鸦。我是太阳鸟的后裔。

　　从乌鸦的视角入笔，透过乌鸦的眼看世人，以第一人称的口吻叙述心中所想，新颖独到。

　　1. 乌鸦的叫声和人间灾祸有什么对应关系吗？为什么？你怎样看待人们憎恨乌鸦，用枪炮射杀乌鸦？
　　2. 本文内涵十分丰富，试加以说明。

骆　　驼

◆梁实秋

　　大家都讥笑它是兽类中最蠢的当中一个，因为它只会消极地忍耐。

　　台北没有什么好去处。我从前常喜欢到动物园走动走动，其中两个地方对我有诱感。一个是一家茶馆，有高屋建瓴之势，凭窗远眺，一片油绿的田畴，小川蜿蜒其间，颇可使人目旷神怡。另一值得看的便是那一只骆驼了。

　　有人喜欢看猴子，看那些乖巧伶俐的动物，略具人形，而生活究竟简陋，于是令人不由地生出优越感，掏一把花生米掷进去。有人喜欢看狮子跳火圈，狗作算学，老虎翻跟头，觉得有趣。我之看待骆驼则是另外一种心情，骆驼扮演的是悲剧的角色。它的槛外是冷清清的，没有游人围绕，所谓槛也只是一根杉木横着拦在门口。地上是烂糟糟的泥。它卧在那，老远一看，真像是大块儿的毛姜。逼近一看，可真吓人！一块块儿的毛都在脱落，斑驳的皮肤上隐隐的露着血迹。嘴张着，下巴垂着，有上气无下气的在喘。水汪汪的两只大眼睛好像是眼泪扑簌的盼望着能见亲族一面似的。腰间的肋骨历历可数，颈子又细又长，尾巴像一条破扫帚。驼峰只剩下了干皮，像是一只麻袋搭在背上。骆驼为什么落到这种悲惨地步呢？难道"沙漠之舟"的雄姿即不过如此么?

我心目中的骆驼不是这样的。儿时在家乡,一听见大铜铃丁丁当当响,就知道是送煤的骆驼队来了,愧无管宁的修养,往往夺门出视。一根细绳穿系着的好几只骆驼,有时是十只九只的,一顺的立在路边。满脸煤污的煤商一声吆喝,骆驼便乖乖地跪下来让人卸货,嘴角往往流着白沫,口里不住地嚼——反刍。有时还跟着一只小骆驼,几乎用跑步在后面追随着。面对着这样庞大而温驯的驮兽,我们不能不惊异地欣赏。

是亚热带的气候不适于骆驼居住。(非洲北部的国家有骆驼兵团,在沙漠中驰骋以骁勇善战著名,不过那骆驼是单峰骆驼,不是我所说的双峰骆驼。)动物园的那两只骆驼不久就不见了,标本室也没有空间容纳它们。我从此也不大常去动物园了。我常想:公文书里罢黜一个人的时候常用"人地不宜"四字,总算是一个比较体面的下台的借口。这骆驼之黯然消逝,也许就是类似"人地不宜"之故吧?生长在北方大地的巨兽,如何能局促在这样的小小圈子里,如何能耐得住这炎方的郁焦?它们当然要憔悴,要悒悒,要委顿以死。我想它们看着身上的毛一块块儿地脱落,真的要变成为"有板无毛"的状态,蕉风椰雨,晨夕对江,心里多么凄凉!真不知是什么人恶作剧,把它们运到此间,使得它们尝受这一段酸辛,使得我们也兴起"人何以堪"的感叹!

其实,骆驼不仅是在这炎热之地难以生存,就是在北方大陆,其命运也是在日趋于衰微。在运输事业机械化的时代,谁还肯牵着一串串的骆驼招摇过市?沙漠地带该是骆驼的用武之地了,但听说现在沙漠里也有现代交通工具。骆驼是驯兽,自己不复能在野外繁殖谋生。等到为人类服务的机会完全消失的时候,我不知道它将如何繁衍下去。最悲惨的是,大家都讥笑它是兽类中最蠢的当中一个,因为它只会消极地忍耐。给它背上驮500磅的重载,它会跪下来承受。它肯食用大多数哺乳动物所拒绝食用的荆棘苦草,它肯饮用带盐味的脏水。它奔走三天三夜可以不喝水,这并不是因为它的肚子里储藏着水,而是因为它体内的脂肪氧化可制造出来水。它的驼峰据说是美味,我虽未尝过,可是想想熊掌的味道,大概也不过尔尔。像这样的动物若是从地面上消逝,可能不至于引起多少人的惋惜。尤其是在如今这个世界,大家所最欢喜豢养的乃是善伺人意的哈巴狗,像骆驼这样的"任重而道远"的家伙,恐怕只好由它一声不响地从这个世界舞台上退下去罢!

满纸萧然,满纸不平。难道世界和人心都变化得如此之快吗?难道人们甘于被那些善伺人意的哈巴狗蒙骗,而一点儿也不思念那些"任重而道远"的骆驼?

1.随着现代科学技术的发展,现代交通工具取代了骆驼在沙漠中的地位,人们深感到交通的便利。但从骆驼的角度看,被踢下历史舞台的确是一个悲剧。对此,你有何看法?

2.作者在文中是如何凸现骆驼的悲剧的?

向动物学习

◆鲍尔吉·原野

动物分窝之后,第一件事就是保证自己不饿死,这一点跟人比起来就十分了不起。

在桑园,一条小虫子在水泥路上爬。我忽然想起一首歌:"茫茫大草原,路途多遥远,有个马车夫……"我用树叶做铲车,把虫子铲到西边十多米远的地方,邻近草。这样一来,节省它大约半小时的时间。但虫子落地后,却掉头往回爬——也许"铲车"的速度太快,它没坐过,晕了。我又把它铲回西边,它原本就在向西爬,然而虫子还是爬了回来。

虫子一定要自己爬到西边,运输伤害了它的自尊。而且爬回来再爬回去,单程变成了双程,我提高了虫子的时间成本,可见天下事谁也不能替谁做。汽车可以替人跑,但不能替人考MBA;溥仪原本没想当皇帝,但必须替顺治、康熙这些爷接着当皇帝,结果一辈子都不安稳。但替的事还是很多,父母替儿女穿衣喂饭,替孩子择校,替他们忧之喜之,人们把这些看做责任,凡事担当,到孩子长到婚嫁的时候,因为不能替代,父母进入茫然,所以就演绎了许多关于爱情的悲欢离合。许多独生子女家庭,由于孩子上学或出国,老夫妻为之空空落落,有人甚至会生病。他们说是想念,而想念的苦恼中包括许多琐屑的侍奉工作被迫停下来,使他们的思想与身体都不好过。

动物在小仔分窝的时候,父母总显得粗暴,逼迫幼兽接受残酷的生存考验。我在电视上看大鸟教小鸟飞翔。巢建在山崖上,小鸟不敢飞,它没有任何飞翔方面的经验,大鸟在它们面前一遍遍地飞,诱发小鸟的本能。小鸟害怕,如果我是小鸟,有可能悄悄顺山崖慢慢滑到地面,与松鼠青蛙为伍偷生。后来大鸟用翅膀把小鸟搡下去,小鸟开始飞,惊慌地,然后是快乐地飞翔,学会了转弯和停落。对动物来说,强迫性的生存训练有一个标志,即从母亲认为可以独立生存时开始,这个标志是能够消化食物与奔跑或飞翔。对人而言,这一界限是模糊的,人好像总也长不大。孩子可以在运动会上跑第一名,但没人认为他因此可以独立生存,搬出去住,自己赚钱。跑这么快还不能独立生存吗?不能,父母这样认为,这仅仅是体能。在智能方面,孩子得了奥林匹克数学竞赛第一名,按说比狐狸都聪明了,但父母也不肯把这事儿和独立生存放在一起考虑。在中国,独立生存隐约的标准是上大学与当兵。其实这种"独立生存"是别离,而非生存,是泪水涟涟与千叮万嘱,没有动物那么宁静踏实。

这不光是父母过于担待子女的一切,有些子女的确也不会独立生存。我见过一位30多岁还不会独立生活的人。30多岁再称其为幼稚就显得愚蠢了,但愚蠢还有一个好听的名叫"单纯",跟熊过不去的清华大学生刘海洋莫不如此。我还听说,有些"知识分子"60多岁了还不能够独立生存。如果人的体能、智能和技能的增长都无助于人的生存,增长又有什么用呢?固然人的事情比动物复杂得多,除了能力之外,还要学习钩心斗角、忍辱负重之类的"情商"。但需要向动物学习的地方还是很多,动物分窝之后,第一件事就是保证自己不饿死,这一点跟人比起来就十分了不起。

一只微不足道的小虫子,不会轻易接受你的恩赐,你运过去,它爬过来,你再运过去,它又爬过来,它有着一种惊人的执著和自尊;大鸟不顾小鸟的胆怯和惊慌,强迫性地训练小鸟飞翔、转弯、停落,小鸟很快地适应了独立生存;蚂蚁王国里,蚁后和各种工蚁分工细致,管理井井有条;老羚羊为了使小羚羊们逃生,一个又一个地跳向悬崖;还有那"居高声自远,非是藉秋风"的蝉,"虽缘草成质,不借月为光"的萤火虫,"到死丝方尽"的春蚕……大自然是丰富的,只要我们用心观察,用心体验,我们会天天都有收获。

1.阅读本文后,你认为我们人类应向动物学习些什么?
2.你还知道哪些动物的生活习性?它们的哪些方面也是值得人类学习的?

鲸 鱼 之 死

◆李 琦

> 我有诸多惭愧和不安。我被这种哀大于心死
> 的极致之举所震撼。

我总忘不了，从电视新闻上看到过的那张照片——荒凉的诺曼底海岸上，一条重40吨的巨鲸搁浅了。是自杀还是有什么原因，不得而知，但是生态环境的被破坏，鲸鱼活不下去了，这是真的。

巨鲸自杀，或集体或单独，这在我们已不是新闻了。每次看到这样的消息，心情都很复杂。那些动物们活着的时候，快乐而单纯，在万古如斯的世界上，在蓝色的海洋里，它们生命的状态从容而安详。人类的祖先曾和它们有过良好的友邻关系，像给自己的孩子取名那样，古代的人们亲昵地给它们起下了诸如大象、山羊、天鹅、蓝鲸这样的名字。动物们如人类一样，也有自己的家园和爱情。它们繁衍生息，抚育儿女。有的热爱旅行，有的静守田园，有的歌喉婉转，有的善于舞蹈，有的简直就是天生的体育爱好者。它们或奔跑跳跃，或自由翱翔，或劈波斩浪。它们没有人类那么多心机和谋算，在人类社会生活之外，活得舒展自然。一群飞过蓝天的大雁和一只浑身开满梅花的小鹿，给这个世界增添了多少生机和美感啊！只要凝视着它们生动的躯体、那种与自然融为一体的和谐，心里就会涌出那种对于生命的敬意和感动。

人类成长了。森林越来越少，人群无所不在。我们忘了大家都是地球上的子民，面对昨天的友邻，人类开始妄自尊大地翻脸。动物们像懂事的孩子，曾采取过惹不起就躲起来的忍让，默默地从中心退向边缘。可是，这也不行。贪婪和欲望的沟壑越来越深，动物们的生活开始受到粗鲁的骚扰。它们再也无法像它们的祖先那样，在澄明快活的环境中，几世同堂，其乐融融。家园被毁，妻离子散，同类的皮毛环绕在人类的颈项，伙伴的躯体出现在人类的餐桌上。就算是住在空气稀薄、远离人群的地方，就是已经被围追堵截或濒临灭绝、有今天没明天地活着，也躲不过人类的算计和追踪。我的同胞们在此处所体现的毅力和才华，真正令人瞠目结舌。

动物们开始感到绝望，这是那种发不出声音的愤怒。它们悲伤地望了望自己的子孙，尔后从那动物的眼神中流泻出巨大的无奈和悲凉。它们不是人，不懂"好死不如赖活着"、"过一天算一天"这种人的哲学，它们像人群中的烈士一样，宁折

不弯地干脆选择了死亡。

我不是鲸鱼，所以我无法知道它选择自杀时的感想。我只能体会到，这些不肯苟且的生灵是尊贵的。人类迫于无奈，可以趟过肮脏的河流，可以在醍醐的环境里苟活，可它们却不肯在"只是有些污染"的大海里安身。它们也不说自己是多么有洁癖，多么高贵，反正就是不堪委屈，就是活不下去了。一个人可以念及理想、信念，或妻儿老小，在百般折磨中忍辱负重地活下去，一只小鸟却完全可能因为被俘、失去自由这件事本身活活气绝。它们太容易想不开了。草原上一只被打死伙伴的孤狼，不幸丧偶的天鹅，被偷掉婴儿的母虎……它们都可能以惊天地泣鬼神的方式深深震撼你的心灵。它们原来是如此的多情多义，它们原来是如此的纯洁脱俗，它们品性天真，却必须面对着由人类的头脑而产生的数以无法计算的陷阱、毒饵、枪口、箭矢、罗网、炸药；还有那些污染、毒气、漂着油污的海洋与河流；因为欲望而引起的战争。可怜的动物，它们如果能办一份报纸或电台的话，声讨和呼吁则该是它们全部的内容。

就在重新整理这篇文章时，我又从电视上看到了一则报道——江西鄱阳湖畔，从远方飞来过冬的珍禽异鸟惨遭粗野的捕杀、贩卖。珍贵的飞禽，在市场上像被贩卖的奴隶一样困在肮脏的笼子里，美丽的天鹅，大自然里的小公主，被成盆地腌制，变绿的躯体上盘旋着肮脏的苍蝇。那些出售、腌制这些珍禽的人，那些视践踏蹂躏美丽为寻常的人，并非是形貌凶狠的职业罪犯，他们（她们）是一些平凡普通的百姓。这种群体的愚昧和麻木不仁，这种普遍的粗陋和果断，让人脊背发凉。而当地政府好像除了收税积极外，面对这一切竟是那么漫不经心。

在那么多大雁、天鹅，还有一些叫不出名来的鸟儿遗体面前，我觉得自己也变成了难逃厄运的飞禽。我带着目睹暴行的愤怒和失去同伴的悲凉，飞向远离人类的地方。作为大自然里的物种之一，我对人类这个物种不敢再怀有亲善了。

记得小时候第一次会写"人"字时，我是那么快乐。我们是人，是天地万物中美好的成员。可今天，面对人类对其他生命的阴损绝情，我感到了可耻。

我又一次想到了那条巨鲸，我更相信它死于自杀了。这条在海水中长大的鲸鱼，漂亮，可能也很骄傲。它热爱大海，是生动优雅的游泳健将，却最终决定自行和大海告别。在它巨大洁净的遗体面前，我有诸多惭愧和不安。我被这种哀大于心死的极致之举所震撼。

我不会忘记这条堪为人中之"士"的巨鲸。它是从深海里游出来的一则寓言，它的出现，不能轻看。

心灵体验

　　人类本来是地球上最文明的一类,可是人类却成了残杀地球上其他生灵的凶手。为了一件皮衣、一顿美餐……

　　人啊,善待动物,善待一切生灵吧,因为善待它们也就是善待人类自己。

放飞思维

　　1.从巨鲸之死可以看出什么?

　　2.第三自然段中写到人类妄自尊大的翻脸。请说说人类翻脸的具体表现。

　　3.在生活中,你是怎样对待其他动物的?

树 之 死

◆周同宾

　　　又过了不多久,叶脱落,枝干枯,树形已不像龙,像一条僵硬的添了足的蛇。树啊,不堪摧残凌辱,以死抗争。

一

　　群山中,一个小山包,只一间屋大,上面却是平的,就长满了树。树十余种,高高低低,叶十余样,形形色色,枝交结,叶重叠,既杂乱,又和谐,汇集成天然的蓬勃葱茏。千百次春荣秋凋,层层落叶化为土,堆积尺余厚。落叶肥了土,肥土养了树。千百年来,维持着恒久的盎然生机。常有兽钻入林中,常有鸟落上枝头,更有品类繁多的虫类,在这里生息繁衍。小山包,小小的自由王国,植物、动物的生存秩序,只听上帝安排。

　　上帝也想不到,蓦然间,路从平原修进深山,到小山包前拐了个钝角,插进深山更深处。有路就引来人,红男绿女,黄发垂髫,结伙搭伴入山赏景了。人到处,兽逃逸,鸟惊飞;虫儿太小,不知道人的厉害,兀自活得忘我。小山包这地方,仿佛是一站,人到来,总要停一停,举目四望,用落套的语言赞美一番不落套的山水。

115

于是，就有人在这儿卖茶。路边太窄，索性凿八九级石磴，通上山包，刈去一片草木，摆上矮桌竹椅，粗碗陶壶，青竹竿挑出一面写了"茶"字的幌子，飘闪闪招引游人。就有人去喝茶。茶叶粗糙，水却好，单喝白水也滋润。茶桌旁草木扶疏，树枝在头顶横竖，且缠了藤蔓缀摇如流苏。风真是清风，殷勤得很，吻遍人全身。性急的也坐下不想走，喝了一碗，还想再喝一碗。边喝茶，边看山腰云涌，像赶来一群羊，山豁水降，像垂下一匹布，确实舒服得仙人一般。生意好，人常常没处坐。卖茶的就不断扩大地盘，一次次砍树除草，斩断纠结成网的树根草根，把腐殖质推下山溪，顺流而去。傍晚数钱，多是硬币，5分的10枚一摞，1角的10枚一摞，一摞摞摆成两列，算总数常常比往日多。却并不满足，一思一想，改卖茶为卖饭了。树全部伐掉，只留一棵五角枫，让它遮阴。一番清理，千百年来山包第一次露出了石的骨架。几日施工，山顶出现一座丑陋的水泥平房。砌灶支锅，烟囱直橛橛高过屋顶。炸油条，水煎包，应时菜肴，或炒或烧，就引来更多游客。大杯喝啤酒，小碗饮白酒，猜枚划拳，呎五喝六，一个个醉态庸俗。到黄昏，店主照例数钱，再没了5分1角的硬币，倒常有50元、100元的大钞呢。

山包上，鸟兽虫都绝迹，除了人，只有那棵枫树是活物。秋后，枫叶全红，片片似血染。越明年，再不发芽，凄惨地死了。死了的树被店主劈为柴，塞进灶下，终于化灰化烟化为无。

扯起一幅化肥袋缝成的布，代替树，遮烈日，生意依然兴隆。

二

山路好似鸡肠子，在岭上盘绕许久，在涧底蜿蜒多时，许是自己也累了，傍山脚转一个缓缓的弧形，废然歪进一个山坳，立即变得散淡，散淡得几乎看不见路了。

人需休息，放松一会儿四肢，路也需休息，不再承载人的脚步。这里真适宜休息。山坳为簸箕形，四面坡围一片梯形平地。更有百余棵桃树，聚散无序，疏密有度，极具构图美，仿佛艺术大师匠心独运的画面布局。全是野桃，天生地长，交三月开花，树树俱着红装，灿若云霞，艳若胭脂，烂漫月余，枝枝春意闹，为粗犷的山野添几分娇媚，为宁静的山坳添几分生动。想《诗经》里说的"桃之夭夭，灼灼其华"，就是这般景象。结果却小，且有白毛，不为人吃，只让鸟儿衔了，去别处繁衍自己的子孙。它们似乎是专为开花来到世间的，一年一度繁花，展现生命辉煌。树下全是草，纤细而密实，似绒似毯，清新而温馨，可坐可卧可漫步，坐卧漫步都舒服。游人便撒了满地，或在树下盘桓，或在花间流连，或在草地上直挺挺躺了,任落英沾满身,或拉花枝于胸前,让同伴拍照片;偎红倚翠,拈花惹草,各个都做风流状。一阵逍遥,消融了疲惫,便又上路,继续看山看水。拥挤的人群,杂沓的脚步,使山道不堪重负。

山水多处有,桃林只此一处。山水看后会淡忘,这醉人的桃花,会变成美丽的记忆,长驻心头。

忽一日,一位官员来游山。看见桃花正开,忽发奇想,指示道,这里嘛,应当弄成桃花路。走桃花路,交桃花运,不是很浪漫吗?桃花路就是把桃树全部移栽路旁,造成一道花的走廊。人走过,花朵拂面,花枝牵衣,感觉一定不错。都说是好主意。终于,百余棵桃树全部挖出,强令它们排成两行,行距三尺,株距一尺,齐整整站在梯形的底部,夹出一条笔直的路。山坳里,留下大坑小坑,处处窟窿。草被踩踏,惨不忍睹。

只过三五天,桃树全部死了,红销香断,陨灭了绮罗梦。

干树枯木久久搁路边,很像农民圈牲畜的栅栏。游人走过,了无意趣,便匆匆加快脚步。路就被踩得如混凝土浇铸一样瓷实。

三

登山道边,一块儿空地,中微凹,呈瓢状。瓢的大头,千百年造化长了一棵树。这树特别,出土就发权,枝丫都虬曲,叶碎小,却茂密,且长青,岁寒而不凋,远望去,像一座绿茸茸的麦秸垛。它是啥树,都说不准,像松像柏像桧,像橘像枳像榛。这棵无名的树,既苍老,又年轻,背依危峰,侧临清溪,确为山中一景。

就有人在瓢形空地的小头,设摊为游人照相,把树摄入镜头,就留下几许野趣,不枉到此一游。不多久,摊主却腻了,这不就是一棵树吗,照一千张也照不出别的意思;想必游人也腻了,一棵树有啥出奇?摊主看树,越看越觉着它不成样子。突然心生一计,重新为树造型。用锯用剪,断枝删叶,一番苦心经营,树就粗具马形,仰头撅尾,两条前腿一屈一伸,做飞跑状。说是马,只在似与不似之间,需做解释,游人才恍然有悟:"哦,像,真像。"于是,便有人骑树上摄影,挺胸挥手,英雄似的,照片一角题了"骏马奔腾"字样,好生得意。不多久,光顾者渐少,摊主看树,又打新主意。又一番修剪,树成了鹰形,取名"雄鹰展翅",那铁钩钩似的喙最像,只是翅膀太小,缺少气势。想不到来照相者寥寥,骑上照,哪有骑鹰的,站树前照,正在鹰嘴下,晦气。摊主又动脑筋,绕树三匝,灵机一动,心中出现一条龙。于是,又去掉一堆枝叶,树就成了龙,举头弯背,张牙舞爪,颇有几分威武模样。就招引少男少女跨上拍照,最多时驮了10人,人人都豪情满怀似的。

又过了不多久,叶脱落,枝干枯,树形已不像龙,像一条僵硬的添了足的蛇。树啊,不堪摧残凌辱,以死抗争。

摊主终于离去,去时,扭头朝树骂一句脏话。而后走向路边另一棵同一品种的树……

采用镜头组合的方式,将不同时间、不同地点的三个场景组合在一起,使文章的内容显得十分丰厚,同时也更突出了主题。

1.树死了,谁之过?这反映了一种什么社会现象?

2.要想树不再死,我们应做些什么?

3.你能尝试用镜头组合的方式,写一篇文章吗?

软枣树存在了记忆里

◆安 黎

> 终于在某个阳光明亮的日子,它结束了自己
> 忍辱负重的生命,变成了一桩干柴。

名为软枣,其实仿佛与枣并无血缘关系。论起血脉,软枣似乎与柿子是本家,或者说与柿子有那么一点儿沾亲带故。但它比柿子小得多,形状似羊屎蛋,怎么看都像中成药药丸。

软枣并不怎么好吃,我不喜欢它的形状,不喜欢它的颜色,因而一般对它敬而远之。但女人们却爱吃它。软枣成熟的季节,不论是老妪还是少女,口袋里总是鼓鼓囊囊的,一边与人说话,一边掏着软枣吃,还免不了掏出一把往人家手里塞。女人们走到哪里,那荞麦粒儿似的软枣籽儿就撒落在哪里,有一粒籽儿在我家大门的一侧落地生根,长出了嫩嫩的小芽,芽儿渐渐成长为小树。

当软枣树还处在少年时代的时候,人们就在思忖怎么改变它。妇女们爱吃软枣,不过是在打牙祭。她们与男人一样,都对软枣抱有偏见。在水果界,软枣也在遭受着种族歧视。苹果呀、梨呀、枣呀、柿子呀等等,都可以用来馈赠亲友,惟独软枣不行。软枣不登大雅之堂,拿它送与亲友,非但落不下人情,还多半惹得人家不高兴。凡长大成材的软枣树,都有几分幸运,类似于漏网分子,它无疑得感谢人们的

疏忽大意。

我家门外的软枣树有半人高，如果以树龄界定它，它还是个婴儿，至多称得上是儿童。它懵懂未开，对世界一无所知，更不知人的复杂与残酷。它很愉快地成长着，叶子嫩绿，绿叶上沾着露珠。

邻居家的七爷一眼认定它是个好苗子。他路过这儿，总要猫下身，细细地打量它；还不时用手翻枝弄叶，神情颇像考古学家。七爷断定，这棵树一定会出息成树里的佼佼者，一定会成为栋梁。3岁的孩子可以看到老哩，树也一样。

村里不少自称为识货的人来看，结论均与七爷一样，都说它是株有前途的树。但它的前途究竟是什么，众口不一。每个人都依自己的好恶为它设计前途，但有一点是相同的，那就是要改变它，让它变成别的树。改变的方法就是嫁接。嫁接术早已成为大众化的技术，村里掌握这门技术的远不止两三人。

父亲听了邻人们的煽动，决定把它改造成柿子树。他请来了堂哥，饱吃饱喝后，堂哥就操起剪刀，把软枣树的树头给剪掉了。然后他从一棵柿子树上掰下一根枝条，用胶带将枝条与软枣树头的伤痕处连接，再然后在连接处培土湿土，用塑料纸缠裹。嫁接到此就算完毕，整个过程没用5分钟。

软枣树就这样变成了柿子树。当它发芽时，叶片小手似的大，且质地肥厚。柿子树长得很快，两三年时间就该挂果了。奇怪的是，春天一树花，秋日却无果。与它同样大的柿树上早已是果实累累，而它却是满树浮叶，无一颗果实。大家都觉得诧异，分析来分析去，最后认定它是一棵公树。树也有公母，这是很多人第一次听说的。然而，凡有果实的树不该有公树的，杨树、桐树等等，这些不结果的树才能算作公树，而柿子树天生就应是母的。偏偏这棵柿子树违背了公理，也违背了人们固有的观念，足见这棵树不是什么好东西。不结果的果树无异于不生育的女人，令大家好生厌恶。于是有人提议砍了它，免得它破坏风水；也有人建议再做一次嫁接，把它变为枣树。软枣与枣一字之别，但压根儿不属于一个民族。

父亲采纳了后一种意见，于是，这棵柿子树又变成了枣树。

枣倒是结出来了。但枣显然与正宗的枣不大一样。个头小，形状圆圆的，吃起来甜味不足，涩味有余。而且树上稀落落的，这儿一颗，那儿一颗，孤苦伶仃的，让人看着蛮可怜。

不知道为什么，我老是无法与这棵树亲近。我甚至不愿瞥它一眼，因为我看见它就觉得别扭。它是软枣树，还是柿子树，抑或是枣树，我已无法说清楚。它在人们的强迫中，早已改变了自然性属，变得不男不女，非驴非马。它令我想到的惟一一个词，那就是阉割。

软枣树在一次次的改变中，变得没有了神采。它死气沉沉，郁郁寡欢，呈现出衰老的佝偻状。今日一根枝条干枯了,明日一根枝条干黄了,终于在某个阳光明亮的日子,它结束了自己忍辱负重的生命,变成了一桩干柴。

我把它的死亡看做自杀。我欣赏它的自杀。它的壮举,令我的敬意油然而生。

一棵软枣树,经过两次嫁接,终于成了一棵不伦不类的树。

它是软枣树吗?曾经是,但现在已不是。

它是柿子树吗?好像是,但又不是。

它是枣树。它是吗?

1.假如你是"父亲",你会同意嫁接这棵软枣树吗?为什么?

2.由软枣树的嫁接,你能联想到一种什么社会现象?

3.软枣树最后死了,作者说:"我把它的死亡看做自杀。我欣赏它的自杀。"那么,你呢?你怎样看待软枣树的死?

　　世上没有两条完全相同的河流，也没有两片完全相同的叶子。你看窗外那棵法桐，样子并不大的，春天的日子里，它长满了叶子。枝根的，绿肥得深，枝梢的，绿肥得浅；一片和一片都不相同，姿态也各有别……

每片叶子都不一样

　　一棵大胡杨的倒下，成为沙漠里罕见的大事故。倾斜中的胡杨发出巨大的开裂声，旋转着，倾倒着，刮起了旋风。它的老根带出无数沙石，抛向天空。树身着地时弹跳不止，沙漠为之改变波涛的形状，填平一些沟壑，形成新的沙丘，腾起无数沙尘，尘埃久久不能落定。

　　一种生命，屹立着，或者倒下，无论活着还是死去，都使人不能漠视它的存在。

——选自《胡杨：一种生命》

冰冻的玫瑰

◆[美]刘 墉

> 在最美的晚霞中，领略了绽放与吐露的快
> 乐，那跟来的死亡，又算得了什么呢？

院子虽然不小，但因为贪心种了太多花，也便感觉局促了起来。

花是一丛叠一丛的，随着荣发的季节先后而下种，也常算好了高低来安排。譬如在鸢尾兰和郁金香的四周种金盏菊和非洲牵牛，早春先开郁金、仲春开鸢尾，而后当前二者的叶子都萎缩消失之后，正好有牵牛和金盏菊，延续着到10月的暮秋。又像是凤仙与百日红种在一圃，百日红因为长得奇高，能达到三尺，所以种在内侧；凤仙比较矮些，便安排在四周，使得阳光能够普照。只是这么一做，原先站在花圃中间的玫瑰便受到委屈了。

玫瑰是花店里买来的名种，每株都挂着一个铝制的牌子，打着品种的编号，和受专利保护，不得自行繁殖的警告。对于懒人，花农倒也有特别的设计，这种玫瑰买回来完全不必拆封，只要在地上挖个洞，连盒子往下一放就成了。因为纸盒子能快速分解，成为土壤及养分的一部分，没多久就消失得无影无踪。

园里的玫瑰，少说也有十几棵，前前后后地散布着。这是因为她们总开不好，我天生糊涂，也就常忘记自己已经有许多玫瑰这件事。每年初春，外面还积着雪，只要走进花店，便被那花团锦簇迷得飘起来，钱袋没有算计，手底也自然大方，总是直到把那大包小包的花拖回家，才发现有限的院子里，早已列土封侯，各有所主了。

怪不得母亲用"见缝插针"这么妙、又无比贴切的词来形容我。实在为了安排上百棵的各式花卉，我真是绞尽脑汁儿，几乎把每一块儿可用之地都种上了，甚至篱墙之外，后面山坡的森林里，都有了被我淘汰，却舍不得扔掉的花卉。

当然我是舍不得将玫瑰种到后山去的，那么馥郁又端丽的花朵，理当占据园圃中最重要的位置，以她夏日的娇艳，与那仲春的牡丹各擅胜场。只是我的玫瑰，惟独在孟夏和仲秋绽开，当别人园里玫瑰怒放的时刻，我的花朵反倒贫乏得可怜，原因是：

孟夏时百日草和凤仙都矮，挡不到阳光，所以花圃中间的玫瑰长得好；至于盛夏，四周全被草本植物遮盖，只好委屈着不动。直待仲秋，别人都凋零之后，再拾取一点儿冬天来临前的阳光。或许因为夏日的激情，未能得到舒放，虽然纽约的10

123

月已经相当寒冷,这些玫瑰倒还都顶得住,只是花茎瘦小得可怜,叶子也单薄得很,怯零零地探出花苞,偷工减料地开小的花儿,那细细的茎却还禁不住地,像是高龄失婚,终于出嫁的老新娘,羞赧赧的低了头。

为了怕她们支持不住寒风的侵袭,总是不待花朵开满,我就会把她们剪下来插进花瓶,既是寻找晚来的春天,就不妨做个温室的花朵吧!好比年轻时出嫁,与丈夫一番辛苦是当然的事;年长结婚,则理当有个温适的窝。问题是,虽然有如此素心体人的主子,将她们移入南窗的阳光下,那些晚来的玫瑰,却恐怕因为先天的不足,没有两天,就片片凋零了。

晨起时,常要做的第一件事,就是俯身在窗下拾取散满一地的花瓣,把那虽然脱离母体,却犹然芳香而完整的花瓣,一片片叠成一本小书的样子,轻轻地放到我绘画调色的碟子里悼念。相信每一片花瓣上,都记载了一首诗,或是一些夏日的幽怨词语;或只是一些叹号,留给那失去的季节展读。

令人惊讶的是:

去年秋天。想必是暮秋初冬了,我阶前的黄玫瑰,居然在那大西洋的寒风中,同时生出了三个蓓蕾,且于某一日的傍晚,默默地绽放了。

北国初冬的晚霞特别美,因为太阳移向南方,不似夏日的刚烈,使那彤彩带着一抹淡淡的酪黄,恰巧映在黄玫瑰剔透的花瓣上,竟然仿佛镀上一层 K 金般。那金是透明、诡谲而跳动的,在华贵中显示无比的清纯,甚或是一种圣洁!

我被那景象迷惑了,竟忘记将她们剪下来。

夜里,气温突然降到零度。第二天早上,当我走到铺满白霜的石阶时,那三朵黄玫瑰已然被冻透,而僵住枝头了!接连的几日,都是冰寒彻骨的日子,北风也特别凛冽,我一次又一次地站在窗帘后,看那在风中颤抖的三朵冰冻的玫瑰。

恍如暮年之恋,刚刚领略毕生向往,却不曾经历的刻骨铭心的初恋时,却突然遭遇死亡的打击,应该是不瞑目地弃世,抑或安然而带着一抹淡淡的笑容离开?

毕竟在有生之年爱过了啊!在最美的晚霞中,领略了绽放与吐露的快乐,那跟来的死亡,又算得了什么呢?渐渐,我把她们遗忘了。直到寒流过去,到园中点视残圃,才发现,那三朵苦命花,居然还挺立在枝头。

"那么大的风,居然没把花瓣吹散?"

还是应该说那离开爱恋的不甘心,使她们竟成了像希腊神话中看到玛杜萨,被凝塑成的石雕,永恒地望着天空:

"请交还给我!请交还给我!"

我那迟来的,却无比宝爱,爱我的丈夫,如同呵护着自己儿子般的暮年之恋!

我小心地把那三朵黄玫瑰剪下来,她们虽然僵硬,却依然完美地维持着初绽时的姿态。

那是凝固的美,成为了永恒的存在。

直到今天,她们仍然在我的水晶皿中端丽地绽放着,且只要我靠近,便能嗅到那股淡淡的,犹如17岁少女,初恋时的芳香。

三朵冻死的黄玫瑰,虽然僵硬,却依然保持着初绽时的姿态,不甘心离开那紧紧的爱恋。由物及人,我们应该珍惜生活,珍惜我们身边的每一个人,因为我们一起经过了平坦,也经历了风风雨雨,即使时光老去,我们也会细细品味出一种无悔的美丽。

1.写"冰冻的玫瑰"之前,作者用了大量的篇幅写院子和院子里的百日草、凤仙、玫瑰等,这些描述有什么作用?

2.冰冻的玫瑰美在哪里?

清 塘 荷 韵

◆季羡林

每当夏日塘荷盛开时,我每天至少有几次徘徊在塘边,坐在石头上,静静地吸吮荷花和荷叶的清香。

楼前有清塘数亩。记得三十多年前初搬来时,池塘里好像是有荷花的,我的记忆里还残留着一些绿叶红花的碎影。后来时移事迁,岁月流逝,池塘里却变得"半亩方塘一鉴开,天光云影共徘徊",再也不见什么荷花了。

我脑袋里保留的旧的思想意识颇多,每一次望到空荡荡的池塘,总觉得好像缺点儿什么。这不符合我的审美观念。有池塘就应当有点儿绿的东西,哪怕是芦苇呢,也比什么都没有强。最好的最理想的当然是荷花。中国旧的诗文中,描写荷花的简直是太多太多了。周敦颐的《爱莲说》读书人不知道的恐怕是绝无仅有的,他那一句有名的"香远益清"是脍炙人口的。几乎可以说,中国没有人不爱荷花的。可我们楼前池塘中独独缺少荷花。每次看到或想到,总觉得是一块心病。

有人从湖北来,带来了洪湖的几颗莲子,外壳呈黑色,极硬。据说,如果埋在

125

淤泥中，能够千年不烂，因此，我用铁锤在莲子上砸开了一条缝，让莲芽能够破壳而出，不至永远埋在泥中。这都是一些主观的愿望，莲芽能不能出，都是极大的未知数。反正我总算是尽了人事，把五六颗敲破的莲子投入池塘中，下面就是听天命了。

这样一来，我每天就多了一样工作：到池塘边上去看上几次。心里总是希望，忽然有一天，"小荷才露尖尖角"，有翠绿的莲叶长出水面。可是，事与愿违，投下去的第一年，一直到秋凉落叶，水面上也没有出现什么东西。经过了寂寞的冬天，到了第二年，春水盈塘、绿柳垂丝，一片旖旎的风光。可是，我翘盼的水面上却仍然没有露出什么荷叶。此时我已经完全灰了心，以为那几颗湖北带来的硬壳莲子，由于人力无法解释的原因，大概不会再有长出荷花的希望了。我的目光无法把荷叶从淤泥中吸出。

但是，到了第三年，却忽然出了奇迹。有一天，我忽然发现，在我投莲子的地方长出了几个圆圆的绿叶，虽然颜色极惹人喜爱，但是却细弱单薄，可怜兮兮地平卧在水面上，像水浮莲的叶子一样。而且最初只长出了五六个叶片。我总嫌这有点太少，总希望多长出几片来。于是，我盼星星，盼月亮，天天到池塘边上去观望。有校外的农民来捞水草，我总请求他们手下留情，不要碰断叶片。但是经过了漫漫的长夏，凄清的秋天又降临人间，池塘里浮动的仍然只是孤零零的那五六个叶片。对我来说，这又是一个虽微有希望但究竟仍是令人灰心的一年。

真正的奇迹出现在第四年上。严冬一过，池塘里又溢满了春水。到了一般荷花长叶的时候，在去年漂浮着五六个叶片的地方，一夜之间，突然长出了一大片绿叶，而且看来荷花在严冬的冰下并没有停止行动，因为在离开原有五六个叶片的那块基地比较远的池塘中心，也长出了叶片。叶片扩张的速度，扩张范围的增加，都是惊人地快。几天之内，池塘内不小一部分，已经全为绿叶所覆盖。而且原来平卧在水面上的像是水浮莲一样的叶片，不知道是从哪里聚集来了力量，有一些竟然跃出了水面，长成了亭亭的荷叶。原来我心中还迟迟疑疑，怕池中长的是水浮莲，而不是真正的荷花。这样一来，我心中的疑云一扫而光，池塘中生长的真正是洪湖莲花的子孙了。我心中狂喜，这几年总算是没有白等。

天地萌生万物，对包括人在内的动、植物等有生命的东西，总是赋予一种极其惊人的求生存的力量和极其惊人的扩展蔓延的力量，这种力量大到无法抗御。只要你肯费力来观察一下，就必然会承认这一点。现在摆在我面前的就是我楼前池塘里的荷花。自从几个勇敢的叶片跃出水面以后，许多叶片接踵而至。一夜之间，就出来了几十枝，而且迅速地扩散、蔓延。不到十几天的功夫，荷叶已经蔓延得遮蔽了整个池塘。从我撒种的地方出发，向东西南北四面扩展。我无法知道，荷花是怎样在深水中淤泥里走动,反正从露出水面的荷叶来看,每天至少要走半尺的距离,才能形成眼前这个局面。

光长荷叶,当然是不能满足的,荷花接踵而至,而且据了解荷花的行家说,我门前池塘里的荷花,同燕园其他池塘里的,都不一样。其他地方的荷花,颜色浅红;而我这里的荷花,不但红色浓,而且花瓣多,每一朵花能开出十六个莲瓣,看上去当然就与众不同了。这些红艳耀目的荷花,高高地凌驾于莲叶之上,迎风弄姿,似乎在睥睨一切。幼时读旧诗:"毕竟西湖六月中,风光不与四时同。接天莲叶无穷碧,映日荷花别样红。"爱其诗句之美,深恨没有能亲自到杭州西湖去欣赏一番。现在我门前池塘中呈现的就是那一派西湖景象。是我把西湖从杭州搬到燕园里来了,岂不大快人意也哉!前几年才搬到朗润园来的周一良先生赐名为"季荷",我觉得很有趣,又非常感激。难道我这个人将以荷而传吗?

前年和去年,每当夏日塘荷盛开时,我每天至少有几次徘徊在塘边,坐在石头上,静静地吸吮荷花和荷叶的清香。"蝉噪林逾静,鸟鸣山更幽。"我确实觉得四周静得很。我在一片寂静中,默默地坐在那里,水面上看到的是荷花的绿肥、红肥。倒影映入水中,风乍起,一片莲瓣堕入水中,它从上面向下落,水中的倒影却是从下边向上落,最后一接触到水面,二者合为一,像小船似的漂在那里。我曾在某一本诗话上读到两句诗:"池花对影落,沙鸟带声飞。"作者深惜第二句对仗不工。这也难怪,像"池花对影落"这样的境界究竟有几个人能参悟透呢?

晚上,我们一家人也常常坐在塘边石头上纳凉。有一夜,天空中的月亮又明又亮,把一片银光洒在荷花上。我忽听"扑通"一声,是我的小白波斯猫"毛毛"扑入水中,她大概是认为水中有白玉盘,想扑上去抓住。她一入水,大概就觉得不对头,连忙矫捷地回到岸上,把月亮的倒影打得支离破碎,好久才恢复了原形。

今年夏天,天气异常闷热,而荷花则开得特欢。绿盖擎天,红花映日,把一个不算小的池塘塞得满而又满,几乎连水面都看不到了。一个喜爱荷花的邻居,天天兴致勃勃地数荷花的朵数。今天告诉我,有四五百朵;明天又告诉我,有六七百朵。但是,我虽然知道他为人细致,却不相信他真能数出确实的朵数。在荷叶底下,石头缝里,旮旮旯旯,不知还隐藏着多少,都是在岸边难以看到的。粗略估计,今年大概开了将近一千朵,真可以算是洋洋大观了。

连日来,天气突然变寒,好像是一下子从夏天转入秋天。池塘里的荷叶虽然仍是绿油油一片,但是看来变成残荷之日也不会太远了。再过一两个月,池水一结冰,连残荷也将消逝得无影无踪。那时,荷花大概会在冰下冬眠,做着春天的梦。它们的梦一定会能够圆的。"既然冬天到了,春天还会远吗?"

我为我的"季荷"祝福。

这是一篇令人难忘的精美散文。它叙述了作者寓所前面池塘中荷花从记忆中的"有"到"无",又到"有"的过程。荷花的美是令"我"无力抵御的,她十分高傲、圣洁、亭亭玉立,令人不敢生任何亵渎的非分之想。而作者也因这方池塘的荷花被友人命名为"季荷"而自豪不已。秋天来了,荷花会枯败,寒冷的冬天更会使她们消逝得无影无踪,但这又有什么关系呢?在作者心中,荷花的美是永不褪色的。更何况,"冬天到了,春天还会远吗"?那些可爱的生灵明年还会跃出池塘的,而且会分外妖娆,你说对吗?

1.我们学过哪些描写荷花的诗词?这些诗词是如何赞美荷花的?

2.我们都熟悉朱自清的散文名作《荷塘月色》,同样是描写荷塘,这两篇佳作各有特色,你能略作比较吗?

3.你不妨也试着写一篇关于荷花的散文。

胡杨:一种生命

◆唐炳良

千百年风云际会,都可以在它的呼吸里变幻,
也可以在它的呼吸里湮灭。

胡杨是沙漠里的奇迹,千百年来的一个不朽——

一种树,可以"活一千年不死,死了一千年不倒,倒下一千年不烂"。

让我来描述一下胡杨。胡杨是沙漠里的巨树。大胡杨的主干要两三个人才能抱拢。胡杨立于大漠深处,森森然,万力不可摧。我远远地见到它,颇大骇,觉得它不可逼视,心跳得慌忙。我马上举行了仪式,仪式是"绕树三匝"。我再一次抬头看它,依然惊讶于它的老干横枝,可以随意生长,了无挂碍。我提出谨慎的批评,我的意见是,就算你的根有1丈深、10丈深,你也不应该是这个活法,因为你毕竟生活在沙漠里。令人称奇的是,胡杨是"一树两叶",同一棵树上长着大小和形状不同的两种叶子,像"寄生树"但又不是"寄生树"。具体地说,长在下面的叶子较小,椭圆

形的，像一片指甲；慢慢往上，叶子才比较大一些，直至舒展成小孩巴掌一样大小——形状也近似。

我不由得感叹：有谁能搬动它——比如看中了它的一身好筋骨，暗想着它的巨大价值和种种用途，去搬运它——胡杨这样的大树？首先，想出这个傻念头的人，带着磨快了的锯子和斧头，还有一口袋叫做"馕"的食物(新疆的一种面制品)，告别了老婆和孩子，还没走到旅途的十分之一甚至更小，就死在路上了。其次，我们可以想一想，为什么一千年以来，胡杨可以一直生长在那里？枯死的，也一千年站在那里？倒下的，也一千年躺在那里？它们少了一棵没有？

大生命是搬不动的。

更是不可肢解的。

胡杨倒下来一千年不烂，也许与沙漠里干燥的气候有关。但是，我们也千万不要忘记，胡杨是生长了一千年的植物，一千年是个多么结实的概念！并且，在其后的一千年里，借助大漠里炼狱般的环境，蒸发掉了体内所有的水分，只留下一身筋骨。雷电轰击也只会使它的筋骨更坚硬。可以设想，即使把它泡进水里，水也进不去了。

大生命在本质上也是不朽的。

当然觊觎者实用的观点，也是要不得的。

再来看活着的胡杨。在大漠深处，胡杨常常不是单株，而是一群，株与株之间保持着数百米的间隔——以胡杨之巨和沙漠背景的之远之深来说，也只有这样的间隔，"群"才是成立的，它们各自，也才是舒展的。大生命有大活力，不以挤压同类作为自己的生存手段，它雄视的是天地，以天地之大，来确立自己。胡杨即是以天地之大确立自己的沙漠之树。千百年风云际会，都可以在它的呼吸里变幻，也可以在它的呼吸里湮灭。有些大胡杨的叶子落尽了，也许它死于一千年之前，但还大小枝干俱存，依然是一个雄视的姿势。那些倒下的胡杨，保持着最宽余的卧姿，敲敲它的枝干，还能发出"梆梆"的声音，也别以为它是刚倒下的，真的，也许它倒下也已有一千年了。

如果有一天，风暴并没有使胡杨倒下，那是因为它的根本来就扎得很深的缘故。风暴经过时，满天的飞沙走石有一部分被截下来，那是因为上面的枝叶很茂密，俘获了它们。俘获的沙石跌落到树下，壅住树根，胡杨的根由此更深了。胡杨有一天不行了，像饮弹的巨人那样歪了歪身子，在倒下之前再挺一挺、挺一挺——这个挺一挺，使胡杨具有了最大限度的重力与势能。

一棵大胡杨的倒下，成为沙漠里罕见的大事故。倾斜中的胡杨发出巨大的开裂声，旋转着，倾倒着，刮起了旋风。它的老根带出无数沙石，抛向天空。树身着地时弹跳不止,沙漠为之改变波涛的形状,填平一些沟壑,形成新的沙丘,腾起无数沙尘,尘埃久久不能落定。

一种生命,屹立着,或者倒下,无论活着还是死去,都使人不能漠视它的存在。

一种生命,无论活着还是死去,都使人不能漠视,这是多么的伟大啊!胡杨就是这么一种生命。你看它,"活一千年不死,死了一千年不倒,倒下一千年不烂",天地间还有比它更伟大的生命吗?

1.作为一种生命,胡杨的伟大表现在哪些地方?

2.读胡杨,就是在读一个伟大的生命,这伟大的生命带给了你怎样的震撼呢?

孤 独 的 树

◆(台湾)席慕蓉

> 于是,那棵树才能永远长在那里,虽然孤独,
> 却保有了那一身璀璨的来自天上的金黄。

在22岁那年的夏天,我看见过一棵美丽的树。

那年夏天,在瑞士,我和诺拉玩儿得实在痛快。她是从爱尔兰来的金发女孩儿,我们一起在福莱堡大学的暑期法文班上课,到周末假日,两个人就去租两辆脚踏车漫山遍野地乱跑,附近的小城差不多都去过了。最喜欢的是把车子骑上坡顶之后,再顺着陡峭弯曲的公路往下滑行,我好喜欢那样一种令人屏息炫目的速度,两旁的树木直逼我们而来,迎面的风带着一种呼啸的声音,使我心里也不由得有了一种要呼啸的欲望。

夏日的山野清新而又迷人,每一个转角都会出现一种无法预料的美丽。

那一棵树就是在那种时刻里出现的。

刚转过一个急弯儿,在我们眼前,出现了一座不算太深的山谷,在对面的斜坡上,种了一大片的林木。

大概是一种有计划的栽种,整片斜坡上种满了一样的树。也许是日照很好,所

以每一棵都长得枝叶青葱,亭亭如华盖。而在整片倾斜下去一直延伸到河谷草原上的绿色里面,惟独有一棵树和别的不同。

站在行列的前面,长满了一树金黄的叶片,一树绚烂的圆,在圆里又有着一层比一层还璀璨的光晕。它一定坚持了很久了,因为在树下的草地上,也已圆圆地铺上了一圈金黄色的落叶,我虽然站在山坡的对面,也仍然能够看到刚刚落下的那一片,和地上原有的碰在一起的时候,就觉得后者已经逐渐干枯褪色了。

天已近傍晚,四野的阴影逐渐加深,可是那一棵金黄色的树却好像反而更发出一种神秘的光芒。和它后面好几百棵同样形状、同样大小,但是却青翠逼人的树木比较起来,这一棵金色的树似乎更适合生长在这片山坡上,可是,因为自己的与众不同使它觉得很困窘,只好披着一身温暖细致而又有光泽的叶子,孤独地站在那里,带着一种不被了解的忧伤。

诺拉说:"很晚了,我们回去吧。"

"可是,天还亮着呢。"我一面说,一面想走下河谷,我只要再走近一点儿,再仔细看一看那棵不一样的树。

但是,诺拉坚持要回去。在平日,她一直是个很随和的游伴,但是,在那个夏天的午后,她的口气却毫无商量余地。

于是,我终于没有走下河谷。

也许诺拉是对的,隔了这么多年,我再想起来,觉得也许她是对的。所有值得珍惜的美丽,都需要保持一种距离。如果那天我走近了那棵树,也许我会发现叶的破裂,树干的斑驳,因而减低了那第一眼的激赏。可是,我永远没走下河谷,(我这一生再无法回头,再无法在同一天,同一刹那,走下那个河谷再爬上那座山坡了。)于是,那棵树才能永远长在那里,虽然孤独,却保有了那一身璀璨的来自天上的金黄。

又有哪一种来自天上的宠遇,不会在这人世间觉得孤独的呢?

媒体上常有"零距离接触"等语,也许这是为了追求生活的原汁原味。但作为审美,却不能不说是一种失误。因为许多东西,如果体察入微,反而会兴味索然;有时候,距离也会产生一种美。

1.这棵树为什么孤独?由此,你能联想到我们生活中的某一类人吗?

2.这篇散文记叙的是作者在国外郊游时经历的一件事。为什么事隔多年,山坡上的这棵树仍历历在目呢?

夏天——植物的世界

◆（台湾）罗 兰

> 春花开放是因为风的温慰，那么，夏天的花就
> 是由于太阳的激发了。

夏天，是植物们享受生命的季节。

林木蓊郁极了。草也无比的茂密。芦草更像海浪，风吹来，一片萧萧的海潮音。因此使你想到，夏是属于清凉，而非属于炎热。

日午，南风吹来，蝉声一片。那也是一种凉爽的醺然。

何况，藤萝架下，荷花池旁，都给你一份欲睡的宁静与沁凉。

夏天的花和春花不同。夏天的花有浓烈的生命之力。如果说，春花开放是因为风的温慰，那么，夏天的花就是由于太阳的激发了。

你看那冲力十足的太阳花，热带美人般的非洲菊，抢尽了天下颜色的红蓝粉紫的牵牛花和野茉莉，向太阳分来一把火似的石榴花与夹竹桃，挤满了花圃的凤仙草，还有晒不怕的向日葵，和那些红得像要溢出来似的西番莲，那么多花瓣也不能分散那如丹的艳红……它们是夏天嘹亮的高歌。

还有另一些袅娜的花，是夏天的抒情小曲。藤萝花浅浅的紫，婉约的、成串的、装饰着满架的叶群。白兰花是晒不黑的南方佳丽，柔媚挺秀地吐着芬芳。晚香玉则是不想强调自我的北方女孩，晚风吹来时，就那么不假修饰地香啊香，香得整个的夏夜都充满了诗情。

野花是夏天的民歌。它们以多取胜，不求闻达地在野地里、短篱边，随意地开着，一群一群的。就因为它们不在意自己是什么颜色，反而配出了无数的颜色。颜色配得太多，来不及分派的时候，就在一朵花上加了点或线，或干脆分一半给红，分一半给蓝，成了"花"花。

荷花在水上开，让叶子的圆伞给池水遮荫，它自己却让阳光把它晒成浅浅的红，让好奇的孩子们把它的花瓣当小船，在池水中漂来漂去。

花的天性就是不在意自己开得久暂和是否消失。

花瓣从不觉得自己的身世有什么"飘零"。

它们就是那么随意的开落。也许是因为它们知道，明天还会有同样的一大群花；也许是因为它们知道，这就是花的本色。

这是为什么，给小孩子们当做小船在池水中漂着的荷花瓣，总像是带着甜甜

的笑靥。

夏天也是草的世界。野地里，固然铺满了劲健的青草；庭院的砖缝间、墙角边，也照样挤出来不甘被埋没的草叶。真不知那纤细的草茎怎么钻得出那严密坚硬的砖缝，而它们绿得那么深透。又饱含着脆脆的水分，使你不得不承认，它们是受着大地最多的眷顾。大地喜欢先让青草给它打上一层匀净湛绿的底色，来衬托花，也衬托树，而且还衬托人兽与房屋。更给河流与湖泊沿上漂亮浑厚的绿边，让大树的浓荫给草地印上深苍的阴影，来描绘晨昏或日午。也让凉夜的露珠藉着草叶的青翠，来显示它们的晶莹。

夏天更是树的世界。茂密的叶子，一层又一层。像是为了欢迎并推拥那远来的南风。让风的低音给人间带来如梦的薰然，带来白日的朦胧。

清晨的树浴着朝雾，给初升的阳光隔上一层轻纱。淡淡的那么一份清凉。

日午的树带着风的低吟，给人催眠。静极了，那么一份无须焦虑的怡然。

向晚的树像是专为衬托那熔金的落日，绚烂的晚霞在树群后面，向大地挥手告别一天的繁华，然后在淡紫或深灰的幕后隐去。树也就渐渐和星空混而为一，在夜风中摇曳着，轻轻入梦。

夏天的植物是大地生命力毫无保留的怒放。万紫千红的花朵就织在苍翠蓊郁的林木与青翠之间，装饰点缀着这绚丽的世界，在宇宙的这一星系的轨道上，欢快地运转，向造化的无形之眼展示无穷的生机。

夏天的植物是一组交响诗，有浅唱低吟，更有热烈的狂响，是大地生命力毫无保留的怒放。

1.你认为本文在写作上的主要特点是什么？能具体说明吗？

2.夏天，是植物们享受生命的季节，那么对于动物来说，夏天又是怎样的季节呢？

3.有人将人的一生分为春、夏、秋、冬四季，你认为人生中的夏季应是什么时候？

红叶梨树

◆峭 石

> 从春到秋,从萌芽到降落,永远紫红紫红的叶子,鲜花一般的叶子。

我从来没有见过红叶梨树,也不知道世界上有个红叶梨树。

两年前,我初来这个城市。人大约都有这么个体会,每到一处陌生的地方,总会有一种特别新鲜的感觉,我当然也是这样。我在大街上慢悠悠地走着,不停地东瞅西望。那一家家摆设得非常华丽的橱窗,那打扫得非常清洁的巷道,那看来熟悉而又亲切的行人,都让人心里充满了喜悦。尤其给我印象强烈的是,这里的绿化工作搞得特别好。如果把两旁高大的楼房比做堤岸,那么,这浓绿的树阴就像翻腾起伏的波浪,车辆就像在这绿浪中航行的船舶,行人就像在这绿浪中嬉戏的鱼儿。大热天,燥热的太阳在当空悬吊着,但闪烁在你眼前的却是绿色的婆娑的树影,迎面拂来的是习习的绿色的凉风,让你感到有说不尽的舒适和惬意。

忽然,我发现在法国梧桐浓绿浓绿的绿阴中间,涌起了两道殷红殷红的像是燃烧着的流火。它红得是那样耀眼,红得是那样好看。就像是天上的彩虹,映入这绿色的河流中的倒影。又像是迎着清风,飘舞起的两匹柔韧的红绸。我的眼睛顿时亮了,心胸里也不禁涌起了一阵快意。如果说这绿色是庄重,那么,这红色,就给这绿色的庄重之中增添了一种红色的妩媚。眼前,这大街上的风景,立即显出了异样的与众不同的风采。

开始,我以为那儿种植的是枫树,或是北京西山上生长的那种红叶树。但一想,错了,现在正值伏天,一无飒飒金风,二无浓浓银霜,即使是枫树或红叶树,它的叶子又何由而红的呢?说是凤凰树或木棉树吧,这里是在北方,而不是在临近北回归线的南方海滨,压根儿是不会生长这种树木的。况且,即使是凤凰树或木棉树吧,它除了火红的花朵,还有碧绿的叶子。而眼前的这种树,树冠完全是红的,红得像一丛一丛火焰,红得像一把一把火伞。

我走到了树下。仰头一看,漫空里,黑铁色的枝条上,挑着一簇簇拇指般大的椭圆形的叶子。那叶子,红中透紫,在强烈的太阳光下,水晶做的一般。那不太粗的躯干有点儿俊逸,那朝上伸去的枝丫很是挺秀。它完整的形象,令人想起它是一个线条很美的姑娘,头上顶了一条织花的尼龙纱巾,它有着城市姑娘的绰约大方,又带着农村姑娘的羞涩淳朴。

啊,这别致而又特殊的树啊!我生平是头一次看见这样的树。它与众不同,它的叶子是红的!它的叶子美得像花!它是不俗的!

我问路旁的一个行人,它叫什么名字?那位行人笑着说:

"红叶梨树!"

后来,我刚好住在了这一条街上,一出门,眼前便是这两排红叶梨树。我很高兴,因为我和它成了很亲近的邻居。每当工作闲暇,我到门口散心的时候,头一眼看见的,便是它。

我认识了它,但我却并不了解它。我以为,它既然叫做红叶梨树,一定是要结梨儿的吧,谁知道,它却并没有果实,我几乎是一株一株地看过了,它的枝头竟没有一枚哪怕是麻雀蛋一般大的果子。我这才知道,它虽然叫红叶梨树,其实是并不结梨的。我想,它既然不结梨,必定是并不开花的,它的叶子就等于是它的花吧……

谁知道,到了第二年的春天,农历二月初,法桐还未发芽,柳丝初抽嫩芽,我们的红叶梨树竟开花了,粉白色的,有2分钱的镍币那么大,五个小圆瓣儿,和梅花是同形的。它开得那么多,那么繁,再衬托上它嫩嫩的紫红色的嫩叶,使得街头,像是两道流动的朝霞,我从树下走过,总觉得自己像是在朝霞中沐浴,在花浪里徜徉……

每当我和朋友们谈论起来,我总是说:到我那儿做客来吧,我们那儿,有你不曾见过的很美很美的红叶梨树……

红叶梨树确是很美的,它的一切都美。但是,我以为有一种与众不同的美,这就是它的叶子,它从春到秋,从萌芽到降落,永远紫红紫红的叶子,鲜花一般的叶子。

我很喜欢它,因为它与众不同。

与众不同的美,才是真正的美!

这并非是我的新发现,它是生活中本来就存在的。

心灵体验　　生活中并不缺少美,而是缺少发现。而那种真正的与众不同的美是会使人永久难忘的,正如这个城市的红叶梨树。

放飞思维　　1.这篇文章写的是红叶梨树,而前面却用一大节文字写浓绿的树阴,其用意是什么?

2.你认为红叶梨树最大的特点是什么?从红叶梨树你悟到了什么?

花

◆汪曾祺

莲花池外少行人，
野店苔痕一雨深。
浊酒一杯天过午，
木香花湿雨沉沉。

荷 花

我们家每年要种两缸荷花，种荷花的藕不是吃的藕，要瘦得多，节间也长，颜色黄褐，叫做"藕秧子"。在缸底铺一层马粪，厚约半尺，把藕秧子盘在马粪上，倒进多半缸河泥，晒几天，到河泥坼裂有缝，倒两担水，将平缸沿。过个把星期，就有小荷叶嘴冒出来。过几天荷叶长大了，冒出花骨朵了。荷花开了，露出嫩黄的小莲蓬，很多很多花蕊，清香清香的。荷花好像说："我开了。"

荷花到晚上要收朵。轻轻地合成一个大骨朵。第二天一早，又放开，荷花收了朵，就该吃晚饭了。

下雨了。雨打在荷叶上啪啪地响。雨停了，荷叶面上的雨水水银似的摇晃。一阵大风，荷叶倾侧，雨水流泻下来。

荷叶的叶面为什么不沾水呢？

荷叶粥和荷叶粉蒸肉都很好吃。

荷叶枯了。

下大雪，荷花缸里落满了雪。

木香花

我的舅舅家有一架木香花。木香花开，我们就揪下几撮——木香柄长，似海棠，梗蒂着枝，一揪，可揪下几撮，养在浅口瓶里，可经数日。

木香亦称"锦栅儿"，枝长甚长。从运河的御码头上船，到快近车逻，有一段，两岸全是木香，枝条伸向河上，搭成了一个长约一里的花栅。小轮船从花栅下开过，如同仙境。

前几年我回故乡一次,听说这一段运河两岸的木香花棚,谁也不知道。我有点儿怀疑:我是不是做梦?

昆明木香花极多。观音寺南面,有一道水渠,渠的两沿,密密的长了木香。

我和朱德熙曾于大雨少歇之际,到莲花池闲步。雨又下起来了,我们赶快到一个小酒馆避雨。要了两杯市酒(昆明的绿陶高杯,可容三两),一碟猪头肉,坐了很久。连日下雨,墙脚积苔甚厚。檐下的几只鸡都缩着一脚站着。天井里有很大的一棚木香花,把整个天井都盖满了。木香的花、叶、花骨朵,都被雨水湿透,都极肥壮。四十年后,我写了一首诗,用一张毛边纸写成一个斗方,寄给德熙:

> 莲花池外少行人,
> 野店苔痕一雨深。
> 浊酒一杯天过午,
> 木香花湿雨沉沉。

德熙很喜欢这幅字,叫他的儿子裱了裱,配一个框子,挂在他的书房里。

德熙在美国病逝快半年了,这幅字还挂在他的北京的书房里。

心灵体验　　读汪曾祺先生的这篇散文,犹如欣赏一朵木香花,清香、自然,耐人寻味。

放飞思维　　1. 古人大都借物抒情,今人也大抵如此。写花,写草,写树,写山,写河,写日,写月,写鸟……都是为了借物达情达理,表心表意,本文也是如此。试分析作者在文中表达的情和理。

2. 花,是最容易引起人们联想与思考的话题了。选取一种你熟悉的花,谈谈你的联想与思考。

读 树

◆谷世泰

> 小兴安岭上的树,我看却是一部书,内里含着
> 真、善、美,不信你也去读读。

林区人,接触最多的便是树。走路,离不开树的队伍;吃饭,围绕着树的家族;睡觉,常有树木做伴儿;一年四季,都能听到树的欢呼!看多了,品久了,倒觉得:树类的特色和品行很值得人类这高级动物留神注目呢。

树色——千变万化

可不要认为这小兴安岭林区的树色都是绿的。即使在夏天,冷眼看去,那树虽都绿,可仔细瞧来,绿得成色有差异:淡绿、浅绿、灰绿、墨绿、油绿、葱绿、银绿、金绿……这绿的种类,就是在美术大师的神笔下,也难以调匀、描齐、写全、涂准绿的层次,绿的布局,绿的壮美,绿的新奇。可在这树的海洋里,却绿得自然、和谐,绿得纷呈、秀丽!看得出,那世上真正美的东西,可不是什么能人靠妙笔生花,精心描绘得了的。若是到了"一年一度秋风劲"的时候,树的颜色很快就变得万紫千红,绚丽无比了。红松的叶子虽说依旧绿,却是绿得深沉、凝重,绿得顽强、刚毅!有道是:"霜打草木多变色,我自岿然翠如许"嘛。

楸树的叶子变黄了。先是青黄,接着蛋黄,继而金黄,最后枯黄。别看枯黄不好看,可那青黄、蛋黄和金黄却满能诱惑一些人的眼目哩。尤其那金黄,黄澄澄、金灿灿、亮晶晶、光闪闪。比金子还能撩拨人的眼睛,搅动人的心绪呢。

桤树的叶子也跟着变。为什么不变呢?既然保持不住绿的本色,又不甘心跟着楸树一块儿黄,就得想法变个色。结果呢,由粉红,到朱红,再紫红,最后变成了黑不溜秋的红。这四步红,除了黑红不那么讨人喜欢,前几步红还真能招引一些人的青睐呢。许是它在紫红的时候,骗取的赞扬太多了,由此昏昏然,飘飘然,误以为越红越能招人儿恋。最后呢,红到极处,变黑了,变得令人望而生厌了!

树的色彩呀,奇啦!

树形——千姿百态

树的形态固然直的多。可若走进大森林的里头,就会发现那些弯、斜、倒的树,

随时都能看得见。对于直的树，也不要轻易下断言。直的都好吗？未见！我看过两棵树，虽都"挺且直"，可本性不一般。一棵是高高巍巍的大红松，一棵是标标溜直的水曲柳。她俩膀挨膀，长得肩并肩。赶在一个狂风大作的暴雨天，哈！"咔——喳"一声雷，正好劈在了两棵树中间，随着一道火光起，"腾"地冒出一股烟。再瞪眼看那棵大红松，呀！枝干削去了一大半儿。而那棵水曲柳，却身形跟着变，左右不住地摇，上下直打颤，却枝儿没掉，桠儿没残。谁看了都觉得有点怪。其实呢，松性刚，刚易折。柳性柔，柔易活。

那弯的树，有的弯得特别怪。一棵老树，不但主干弯，连那枝枝丫丫也跟着弯。弯得离奇罕见，变得与众不凡。想伐倒它，不好装车运。想破木板儿，又出不了多少材。要不是山大地广容了它，早该砍倒了省得碍眼！想不到，一次偶然的机会，被外来的一位园林专家看中了，一再"啧啧"叫绝，称它是"林中珍品"，"树中奇才"。"要能搬到大城市的公园里，准会颇得中外游人的喝彩，门票能卖上大价钱！"只可惜，它生在边塞无人问。

那斜的树，多是受风害形成的。可虽说都是斜身树，气质、命运不一般。有的斜身树，原本就没站牢，狂风一来就歪了腰。实指望靠着一棵大树能活命，结果呢，两棵树一块掘了根儿，只落个斜歪着枯干朽叶的死身子，但也有的斜身树，风骨依然正。原因是，大风袭来时，她自知力气小，纵有满身的劲，也难抵得了。虽然被风吹斜了，树根却能抓住石土没动摇，顽强地吸收着营养，艰难地同凄风苦雨抗争着，拼搏着。再看那干、枝、叶儿、梢儿，长得郁郁葱葱、依旧繁繁茂茂。

那倒的树，倒得有学问。有的倒在了阳坡显眼处。外皮儿烈日晒，内里潮气闷。过了三五年，生了虫子，发了霉，心才腐朽，空了壳儿。遇上了捡倒树的人，一看外表还可以，运回去一用愣了神儿：朝阳的东西不都好啊？天下有奇闻！但也有的风倒树，倒在了阴坡水沟里，虽然寂寞无主遭冷落，外表长着青苔藓，却内里泡水没变质。只可惜，识才认货的太少了，走到她跟前，只看外表那层青黄杂交的腐朽皮儿，不知道其内心洁白无瑕疵，还是丢了她。谁晓得：在这森林世界上，倒在阴沟里的竟有那么多经久不变的好东西！

树的形态呀，怪啦！

树情——千丝万缕

树还有情吗？真的！若不怎么会有"祖孙树"、"朋友树"和"情侣树"之称呢？

30多年前，我看见一棵大青杨。树高几十丈，树粗像堵墙。老态龙钟的树底下，竟然生出了十几棵绿盈盈、水灵灵、直溜溜、挺拔拔的小幼松。后来一了解，幼松怕强光,若不是这棵"祖宗杨"天长日久给遮荫,那些孙辈的小树苗儿,早就日晒风吹见了阎王。可贵的是:这祖、孙并不是同性(姓),一个姓杨,一个姓松,一老为众少,谁能理解这感情?"祖宗杨"时时刻刻都在为保护身边的小幼松尽心尽力,不顾自己。而今,那"祖宗杨"老去了,当年的那些小幼松却长起来了。这成长起来的新一代对那"祖宗杨"同样有感情,她们厮守着"老祖宗"的故地,多么深厚的情意!啧啧!

那"朋友树",原是两棵小叶儿杨。粗细差不多,高矮一个样。从树根算,相距足有三四步。想不到,竟在胸高树干处,她俩相勾连体了。不同的是,一棵长在山道边,裸露的根须砍光了。一棵扎在肥土岗,充足的营养同分享。猜不透,究竟是人工嫁接的,还是树的心肠太善良?那患难与共的朋友情不怕雷电轰,没顾风雨狂。始终拆不散,好得那么长。竟然不怕受株连,让人难思量呵!

那"情侣树",原是两棵国籍不同的树,偷偷摸摸处上了。一棵地产老山榆,长得粗又直,看上去正在壮龄期。一棵引进的中东杨,却是细又娇,个头儿比山榆长得高。两树相距十几米,那榆树的须根绕过两块卧牛石,硬是把杨树的细根缠住了。杨树看来也有意,歪着树梢儿勾山榆。而山榆拿捏着不睬。

山风过来阵阵劝:"要爱,就该爱得痛痛快快,明明白白,大大方方,实实在在!"

谁知道这对"情侣"怎么想的呢?

树的情感哪,绝啦!

休说树木没思想!看色彩,比形态,论情感,给我很多的人生感悟。树呵,小兴安岭上的树,我看却是一部书,内里含着真、善、美,不信你也去读读。

作者写出了树叶色彩的千变万化,各具特色;树干形态的千姿百态,直弯斜倒;树木情感的千丝万缕,明白实在。然而透过作者笔下的"树",我们感悟到的却是人类社会的世态万相。

1.谷世泰读树,读出了颇多的人生感悟,你读谷世泰的这篇《读树》,读出了些什么呢?

2.作者在写"朋友树"时,说:"谁知道这对'情侣'怎么想的呢?"怎么想的呢,你知道吗?

3.在风雨雷电中,松树挺直树干,结果枝杆被削去了一大半;柳树左右摇摆,结果得以保全。对此你有何感想?

梧桐的寂寞，不是慨叹韶华流逝的漠然，不是哀怨人潮人海中的孤寂，而是一种禅意，一种宁静的虚空的玄奥。服从自然又抗衡自然，洞悉自然又糊涂自然，任风雕雨蚀，四季轮回，日月如晦，花开花落，好一种从容淡泊的大度！

闲读梧桐

　　我想起京戏舞台上那出美艳惨烈的"霸王别姬"。身着红裳的虞姬决断地横抹一剑,便在生命的舞台上轻盈深情地旋转着,旋转着,恰似一片红叶,在命运的风中缓缓着地。但求以一己的美丽消亡,换取爱者的生之路。那一片红裳,濡湿了古今多少英雄泪!真正是天地为之动容的永恒一幕。

　　……

　　我们为什么竟不如树?

——选自《香山红叶》

杨　柳

◆丰子恺

それ不需要高贵的肥料或工深的壅培,只要有
阳光、泥土和水,便会生活,而且生得非常强健而
美丽。

……假如我现在要赞美一种植物,我仍是要赞美杨柳。但这与前缘无关,只是我这几天的所感,一时兴到,随便谈谈,也不会像信仰宗教或崇拜主义地毕生皈依它。为的是昨日天气佳,埋头写作到傍晚,不免走到西湖边的长椅子里去坐了一会儿。看见湖岸的杨柳树上,好像挂着几万串嫩绿的珠子,在温暖的春风中飘来飘去,飘出许多弯度微微的 S 线来,觉得这一种植物实在美丽可爱,非赞它一下不可。

听人说,这种植物是最贱的,剪一根枝条来插在地上,它也会活起来,后来变成一株大杨柳树。它不需要高贵的肥料或工深的壅培,只要有阳光、泥土和水,便会生活,而且生得非常强健而美丽。牡丹花要吃猪肚肠,葡萄藤要吃肉汤,许多花木要吃豆饼;但杨柳树不要吃人家的东西,因此人们说它是"贱"的。大概"贵"是要吃的意思。越要吃得多,越要吃得好,就是越"贵"。吃得很多很好而没有用处,只供观赏的,似乎更贵。例如牡丹比葡萄贵,是为了牡丹吃了猪肚肠只供欣赏,而葡萄吃了肉汤有结果的缘故。杨柳不要吃人的东西,且有木材供人用,因此被人看做"贱"的。

我赞杨柳美丽,但其美与牡丹不同,与别的一切花木都不同。杨柳的主要的美点,是其下垂。花木大都是向上发展的,红杏能长到"出墙",古木能长到"参天"。向上原是好的,但我往往看见枝叶花果蒸蒸日上,似乎忘记了下面的根,总觉得其样子可恶;你们的生命建设在它上面,怎么只管贪图自己的光荣,而绝不回顾处在泥土中的根本呢?花木大都如此。甚至下面的根已经被斫,而上面的花叶还是欣欣向荣,在那里做最后一刻的威福,真是可恶而又可怜! 杨柳没有这般可恶可怜的样子,它不是不会向上生长。它长得很快,而且很高;但是越长得高,越垂得低。千万条陌头细柳,条条不忘根本,常常俯首顾着下面,时时借了春风之力,向处在泥土中的根本拜舞,或者和它亲吻。好像一群活泼的孩子围绕着他们的慈母而游戏,但时时依傍到慈母身边去,或者扑进慈母的怀里去,使人看了觉得非常可爱。杨柳树也有高出墙头的,但我不嫌它高,为了它高而能下,为了它高而不忘本。

自古以来,诗文常以杨柳为春的一种主要题材。写春景曰"万树垂杨",写春色曰"陌头杨柳",或竟称春天为"柳条春"。我以为这并非仅为杨柳当春抽条的缘故,实因其树有一种特殊的姿态与和平美丽的春光十分调和的缘故。这种姿态的特点,便是"下垂"。不然,当春发芽的树木不知凡几,何以专让柳条做春的主人呢?只为别的树木都凭仗了东君的势力而拼命向上,一味好高,忘记了自己的根本,其贪婪之相不合于春的精神。最能象征春的神意的,只有垂杨。

这是我看了西湖边上的杨柳而一时兴起的感想。但我所赞美的不仅是西湖上的杨柳。在这几天的春光之下,乡村处处的杨柳都有这般可赞美的姿态。西湖似乎太高贵了,反不适于栽植这种"贱"的垂杨呢。

生活中处处有美,美是多层次的,重要的是用美的心灵去发现。

杨柳的主要美点,是其"下垂","高而能下,高而不忘本"。"越长得高,越垂得低"是做人的德性,是人生的境界。

1.既然杨柳"是最贱的",作者为什么还要赞美它呢?
2.杨柳的品格象征着一种怎样的人格精神?

睡 莲 花

◆银 云

只有睡莲花可以对着水面尽情地梳妆打扮,
无休止地凝望自己舒展开放和围拢闭合的美丽。

我一动也不动地坐着,凝望浮荡着如淡淡霜、薄薄雪、轻轻纱、飘飘云的月光的湖面,凝望着铺在湖面上的平平静静的睡莲花的叶面,和睡在睡莲花叶面上的睡莲花。我的思绪在凝望中漫无际涯地弥漫着,也如浮荡在湖面上的这如淡淡霜、薄薄雪、轻轻纱、飘飘云的银样月光。

一切的花我都爱。花是大自然从心灵深处绽开的一朵朵微笑。有了这一朵朵微笑的花,单调而枯燥的大地才丰富起来,色彩纷呈起来,才洋溢出无可言喻的愉悦。在万物萧索时,一朵无名小花儿的微笑,也会使我感动得眼眶湿润。在所有的花中,我对睡莲花格外的钟情,哪怕是和与它同科植物荷花相比,我对睡莲花也有更多的偏爱。

印度巴利佛典所称"七宝莲花",其中就有五种是睡莲花,只有两种是荷花。《大智度经》卷八说:"以莲花软净,欲现神力,能坐其上,令不怀故。又以诸花皆小,无如此花。是故诸佛,随世俗故,于宝花上结跏趺坐。"佛教中"莲花藏世界"的莲花取的也许只是睡莲花和与荷花相同的花型。如果只看它们硕大的、谨严有序的、轮廓分明的花瓣,睡莲花和荷花的美几乎没有任何区别;如果把花和叶的背景,把花和水的背景联系起来,就看得出它们有很大不同。田田荷叶也许是不甘心也许是不屑于铺在水面,都蜂拥着挺立,簇拥着荷花,叶面相连摇曳得不见边际,如波如浪,气势恢弘。一阵风吹过,银灰的叶背面翻转过来向着太阳,亮亮闪闪,在满湖面载歌载舞,便有了"接天莲叶无穷碧,映日荷花别样红";便有了"十里莲塘路,扁舟任往还,一对小儿女,终日在花间。"——荷花的美是热烈的动态的,是江南生长的无数爱情篇章最相衬托的背景。睡莲花则更具佛理禅意的宁静美、平和美和超凡脱俗的虚幻美。一片又一片睡莲花的叶子舒舒坦坦秩序森然地铺展着枕在涟漪上,有的花朵也像叶面一样贴在水面开放,更多的却亭亭玉立地开放在叶面的湿翠之上。我想,"一切诸佛世界悉见如来坐莲花宝狮子之座"的当是睡莲花,佛的灿然哲理是不想让荷花那种高高的叶面来掩映簇拥的。

睡莲花这个名字不知是谁起的,也不知起于何时,一个"睡"字,传绝妙精神。每天清晨,仙女般睡在自己圆圆叶面上的睡莲花,从睡梦中醒来,它修长的花柄如柴可夫斯基《天鹅湖》舞曲中的那只白天鹅秀美的颈子,缓缓地抬起,缓缓地舒开花瓣。它将自己香洁的美,宁静的美,清淳自在的美和纯净的美,可远望而不可亵玩的美;它把自己出污泥而不染,陷于生死烦忧的困惑而超出生死烦忧之上的哲理寓意,米黄米黄地、洁白洁白地、粉红粉红地袒露着,昭示着。金色鱼、墨色鱼、星星色鱼、橙色鱼、太阳色鱼用身子挨擦着,用胸鳍扑扇着,用尾鳍甩打着没入她水中的叶茎和花柄。花呢,便款款地频频地摆动起来,铺在水面上的叶面也轻轻盈盈地缓缓地波动起来,整个水面也跟着晃动起来了。夕阳欲落未落时,满湖笼罩于余光缥缈、残彩参差的晚照里,花瓣优雅地合拢起来,把灿烂的白天合拢成辉煌的星座。修长的花柄又像白天鹅秀美的颈子一般弯下去,弯下去,贴在那叶面上,深深地睡去,睡在晶莹的童话里,睡在悠长的梦幻里。每一朵花在每一天都要这么舒开一次,合拢一次,从春末直到秋初。花谢后花茎没入水中,果实成熟于水中,飘散于水中。睡莲花生于水而没于水,它是水的精灵。埃及白睡莲,印度红睡莲,舒开在晚上,合拢在白天——白天舒开也罢,晚上舒开也罢,睡莲花的舒开都如大自然心灵的舒开,睡莲花的合拢都如大自然心灵的合拢。我常常一个又一个早晨,一个又一个傍晚,凝望着睡莲花最具诗意的舒开和合拢的过程,沉醉在里面。

没有镜子来顾盼自己姿影的花儿一定很遗憾,正如少女没有镜子一样遗憾。土地上生长的花都不像睡莲花这样有一面水的镜子,它们不能通过凝望另一个自己来更好地欣赏自己。只有睡莲花可以对着水面尽情地梳妆打扮,无休止地凝望自己舒展开放和围拢闭合的美丽。那个属于全世界的阿根廷大诗人博尔赫斯特别喜欢在作品中提到镜子,他说两面相对的镜子可以使镜像达到无限数。睡莲花以水为镜使自己成为两个———一个实体和一个虚幻的倒影。滑行于蓝天的白云也倒映在里面了。倒影把要反映要突出的主要景物置于天的背景和云的背景下,删除了一切杂乱的和多余的,显得简洁、明快、清晰。倒影深不可测,带着极强烈的神秘色彩,但谁能说倒影是无,是不存在呢?倒影明明白白地,一点不假地栖留在水面。随意丢一粒石子也好,任凭那优雅游动的小鱼用小嘴啄食水面也好——那倒影,一切的倒影呀——任你用手指点它画它吧,用手掌掬捧撩拨吧,那倒影是会弯曲的,一朵倒影会支离破碎为成千上百朵倒影。待晃动着的水又复归平静,碎成无数朵的倒影又聚成一朵。倒影介乎存在与不存在之间,是幻境中的现实,是虚无界里的实体,是魔力,是魅惑,是引诱!米黄米黄的、洁白洁白的、粉红粉红的睡莲花和它的倒影在湖的中央,我只能凝望它却不能采摘它。在我生命的一个季节里,我也愿把自己的一段情意、一段思绪,把一个美好心灵放在遥远的不可企及的地方,永不亵渎,永不侵犯,永不伤害,这样反而会因遥远而更亲近,因短暂而更持久,因不可得而得之更满足更令人欣慰。我带着肯定的意味想:不仅仅是这香洁的,清淳宁静的,象征着出自生死烦忧而不为生死烦忧所困惑的睡莲花,还因为这虚幻的镜像的倒影,这介乎存在与不存在之间的梦境的现实,虚无界里的实体,才形象地启示了释迦牟尼的佛教哲理。

莫奈晚年曾被睡莲花深深迷住过。他在法国吉韦购置房子居住下来,在花园的池塘里遍植睡莲。他依着早晨、正午和傍晚的太阳不同角度的照射,描绘着睡莲花。他有一帧巨大的满是睡莲花的横幅长卷,水波的光和影的变幻,色彩深浓淡淡浅浅的层次显露得丰富极了。他晚年展出的49幅《睡莲》,是他一生中最完美的成果。

凝望睡莲花和它的倒影,我分不清美是一种对象呢,还是一种关于对象的发现?哲学是什么?宗教是什么?艺术又是什么呢?尽管佛典里的睡莲花隐藏整个世界,尽管莫奈那横卧于艺术史上的睡莲花精美绝伦,都比不上这眼前的睡莲花和它的倒影。这才是活的,生动的,新鲜的。它比巴利佛典中的"七宝莲花",比佛坐过的所有软净的莲座更软净,更能昭示佛理禅意;它比莫奈所有的睡莲画幅更美,更接近大自然创造美的真正目的。

在今夜,在这月下的湖面上,睡莲花的叶子睡在铺满月色的涟漪上,睡莲花睡在自己的叶子上。它们做着梦,我也做着梦。我梦见一个小仙女,正从睡莲花的花瓣里走出来。它撩起轻柔的长裙,蹲在睡莲花的叶子上,梳洗着她垂到腰际的又长又黑又明亮又松软的头发,沐浴着、唱着、舞蹈着,然后,她倚靠着栖落在湖心的银白银白的弯弯的月牙儿,荡着秋千。我梦见我白羽毛一般、雾一般、霜一般、云一般躺在睡莲花宽大的叶面上,米黄米黄地、洁白洁白地、粉红粉红地睡成一朵睡莲花,从一个彩色梦走向另一个彩色梦,从一个晶莹的童话走向另一个晶莹的童话。柴可夫斯基的《睡美人》、《天鹅湖》、《胡桃夹子》正荡荡漾漾地回旋着,回旋着,涟漪一圈又一圈波动,满湖水摇晃着,摇晃着。我伸手在湖面捡拾一颗又一颗星星色的小圆球,它们在我手里丁当作响,一大把一大把地装满我的口袋。我无法分清小圆球是移动在天空这片湛蓝的大叶子上的小星星呢,还是滚动在夜空下睡莲花小叶上的大露珠儿呢?

星星、露珠儿、睡莲花、月色、倒影,无边无际的童话、梦幻、玄想、遐思,在今夜这时刻,错综着,又弥漫开去……

这是一篇托物言志的美文。全文紧扣"睡"字着笔,夜的静谧,影的飘忽,梦的安宁,营造出一个无声的境界。作者同时展开想象与联想,引入了迎风蹁跹的"热烈的动态的"荷花,穿插了夕照下的游鱼戏莲及莲花的开合,以及梦里回荡的柴可夫斯基的旋律和倚月荡秋千的仙女等,又构成生机盎然的动态的画面。情趣与哲理,虚与实,动与静的巧妙结合,使文章具有巨大的艺术魅力。

1. 作者借睡莲花表达了一种怎样的情感?

2. 具体分析本文作者是怎样紧扣"睡"字,创造出幽美、空灵的意境的。

3. 根据本文的内容,结合辞书上的解释,你能以《睡莲花》为题写一篇300字以上的说明文吗?

七 瓣 丁 香

◆涂景璋

> 丁香花从不单朵开放,若开花便是"一树百枝千万结","纷纷霰雪铺檐楹"。

连日风雨,今天早晨终于云去天晴,阳光明媚,便急忙披衣趿履,出门看东风看春柳。

一脚踏出屋门,便嗅到潮润的轻风里飘逸着阵阵花香。那香气,浓馥柔和,逸远绵长,随风远近拂衣袭人。就凭这独特的花香,就知道丁香花开了,别的花朵谁有本事能让满城满街都洋溢着清香? 走进公园,远远地就看见了丁香枝头缭绕着淡紫色的云雾,在朝阳中飘动——果然是丁香花开了,哈尔滨的春天开始了!

丁香花是漂亮风流的"吉卜赛姑娘",她的故乡是马鲁古群岛。由于她枝叶茂密,花序硕大,姿容秀丽,楚楚动人,特别是那令人陶醉的花香,很招人喜爱,所以她在一千多年前流浪到中国的土地,特别是边关塞上,就成了北方人的所爱。例如我的故乡古城卜奎,很早就有人栽种丁香了,到了清代更是走进了文人雅士的诗情画境。道光九年四月末,流放于边城卜奎的大学士英和便写了一首《丁香花》诗:"时已近芒种,绵衣仍欲加。不期冻云里,得见丁香花。客梦乱清馥,暮山飞绮霞。细湔五色石,好倚一枝斜。"

到了民国,卜奎种植丁香更盛。1931 年 4 月,诗人冯文洵曾写《丁香》诗,记叙其铜瓶供养丁香,清赏塞上春色之事。诗曰:"丁香花折两三枝,清水铜瓶供养之。喜看紫云铺几席,静闻香雪沁心脾。人羁绝塞骎骎老,天惜韶光故故迟。休说法源好风景,吟朋散尽绿阴垂。"

20 世纪 60 年代初我来到哈尔滨,发现这里满城都是丁香! 尤其是南岗地区特多,博物馆前苏联红军纪念塔小花园、中山路两侧、和平村宾馆院里、省政府和公安厅周围及转盘道的环岛花坛,堆堆叠叠,全都是丁香树。据说世界上有丁香树 30 多种,哈尔滨就有 19 种,共计 220 多万株。每年"五一"节一过,两阵狂风一场春雨,满城的丁香树都争先恐后地萌蕾开花,一两天的工夫就全都开放了,花枝招展,紫雾如烟,馨香扑鼻,勾引得街坊四邻早早地推开了窗户,青年情侣很晚了还在月下花间徘徊。

丁香花是木樨科落叶灌木或小乔木,树高不过 8 米,但枝柯交错极富生机和活力。花朵不大,花瓣细小,状似茉莉,又比茉莉花朵小得多。丁香花从不单朵开放,若开花便是"一树百枝千万结","纷纷霰雪铺檐楹"。那满树满街的紫色芳菲,如少女的罗裙,如新娘的面纱,如早春的细雨,如初夏的晓雾,如蓝天的云彩,如碧海的轻波,气度高雅,景色壮丽,使人迷恋,令人陶醉。哈尔滨人将其作为市花,也许就是推崇丁香花的群体凝聚精神吧。

丁香的别名是"百结",花语是"青春时期的回忆"。青春时期有很多百结难忘的事情,回忆起来当然也是美好的居多。有一件关于丁香的事情就至今历历在目。那是 1966 年 5 月,几个同伴到花园去数丁香。当时哈尔滨的丁香花不像今天有三四层花瓣的重瓣丁香,只有紫丁香和洋丁香等常见的几种,都是紫色的单层花瓣,四片小花瓣组成一朵花,五瓣、六瓣的丁香就很少见,据说谁找到五瓣丁香谁就找到了幸运。想不到我不仅找到了一朵五瓣的,更发现了一朵七瓣丁香,大家都说我会交好运的。可是到了夏天,我便被"文化大革命"的洪流淘汰出局,成了"逍遥派"。我由是想到七瓣丁香并非幸运之兆。不过"逍遥派"也挺好,整天没事做,让我读了不少书,诸如《堂吉诃德》、《静静的顿河》、《战争与和平》、《莎士比亚戏剧集》、《红与黑》等世界名著,还有我国的一些古代小说,对我后来的工作、学习和写作都极有益处。过了几年回头一想,就又觉得也许是七瓣丁香给我带来的好运。

最近几年,每当丁香开花时,我都会去寻找七瓣丁香,即使找不到七瓣的至少也能找到五瓣六瓣的,所以我觉得自己每年都是幸运的,没有大幸也有小幸吧。

馥郁的花香中,有知识的传播,也有人生的故事和人生的期盼。愿丁香花开,年年岁岁!

1. 本文属什么文体?试分析本文的写作特点。

2. 作者说丁香的别名是"百结",花语是"青春时期的回忆"。正值青春年华的你有什么特别的经历吗?

香 山 红 叶

◆郑云云

我望树,树亦望我。蓝天若水,红叶如鱼。

站在幽静的山谷里,握着你的手仰头望树,不见红叶。

阳光应当在山外什么地方朗朗照着。那里游人肯定如织,红叶也应当灿烂如花。正是好秋天气,阳光和游人,谁肯辜负红叶之美?

然而还是这里好,我喜欢这无人的山谷。真要看叶,哪能在热闹的去处?树本是世界上最淡泊平和的物种,而我们是人类中最孤独的一群。惟有在静默中的彼此凝望,你我才能互相明察各自的蜕变。

秋风吹起,很凉很凉,是第几阵秋风?想不分明。只是身上的感觉超常敏感起来。自知我在看叶,叶亦在看我,举手投足之间,都仿佛在叶无言的包围中。其实,我是知道树的心思都在叶里了。那是树的眼睛。树木用它们望着四季轮回,望着世间万象,望着风雨晨露日升日落,望着一群又一群灰喜鹊在夕阳下归巢。

从前,很古的时候,秋风乍起时,它们可曾有幸听过人在树下奏琴?最古的曲子当然是《高山》和《流水》了。高山有乔木,流水无知音时,伯牙一砸琴,会有无数红叶飘落成泥吗?那琴,那被古人用木雕成的琴,年轻时便是一棵树啊。当人的十指弹拨如雨,琴音流淌似水时,那是树的另一种生命形式呢,人和树,怎么就能如此相通呢?

今天再无人焚香净身,林中奏琴了。只有如潮的人群,在山外涌来涌去观赏红叶。

人群中的红男绿女,有几个能读懂枫叶之美?

山谷中的老枫树伸开它依然绿着的手掌,令我想起大慈大悲的千手观音。然而它们不是观音,是树,所以我才能听见它们善意的调侃和嘲笑。人类是如何经受不住疼痛啊,这么年轻就失去了感动和生命的能力,只会跻身于热闹以求麻木和消解生命的疼痛,是多么愚不可及的一群!

心惊于树的嘲弄,却不得不承认骂得好!

明眸皓齿的我们,心已粗糙苍老;而历经沧桑的香山之枫,该是经历了多少次生命的大恸,却依然维护住青翠年轻热烈的心。岁岁之秋,红叶染山,那份生命的高贵,无法与人言说。

回回看见外貌已惨不忍睹的老树,在春天里依然我行我素地绽放出青翠绿芽,内心便感动不已。惟有树,惟有扎根于深土的大树,才能有这般的英雄气。

而在深秋的风中缓慢旋落的红叶呢?

我想起京戏舞台上那出美艳惨烈的"霸王别姬"。身着红裳的虞姬决断地横抹一剑,便在生命的舞台上轻盈深情地旋转着,旋转着,恰似一片红叶,在命运的风中缓缓着地。但求以一己的美丽消亡,换取爱者的生之路。那一片红裳,濡湿了古今多少英雄泪! 真正是天地为之动容的永恒一幕。

接下来便是乌江自刎。至此,树们又该嗟叹人类的脆弱了。"无颜见江东父老",难道如此便有颜见虞姬之魂?李易安自可以"至今思项羽,不肯过江东",为项羽的英雄气击掌赞叹,但虞姬呢,那一片红裳,算不算白白飘落在地?

我们为什么竟不如树?

山谷中,枫叶还绿着。走出山谷,不见枫,却见高坡上红艳艳一棵树。鲜红的叶,像一条条红鱼在风中游动;鲜红的果,大如握拳,在晚秋的艳阳天里一颗一颗如倒挂的金钟。蓝天下,风吹钟响,山谷中,我惊异地站立。

那是什么树?

柿树。北方的柿树。你说。

你还说,看见树的根部了吗? 一圈黑乌乌的伤痕。那是嫁接时留下的伤痕,野柿树的果其实又小又硬如枣核般。北方所有的柿树都必须经过这样的嫁接才能结出艳如金钟般的果。

我望树,树亦望我。蓝天若水,红叶如鱼。我听见有金属的音响,一阵阵穿越了山林。

美丽的风景皆源自欣赏者丰富的心灵。"蓝天若水,红叶如鱼。我听见有金属的音响,一阵阵穿越了山林。"好一幅开阔清新、色彩绚丽的画面,好一种成熟练达、刚性十足的音响。与其说是大自然的造化,毋宁说是作者心灵的写照。

1.你知道"高山流水"的故事吗?作者在文中提及这一故事的目的何在?

2.对于项羽,历来有不同的看法,你怎样评价这一历史人物?

3.文章标题为"香山红叶",为什么后面却又写北方的柿树?由柿树的嫁接,你联想到了什么?

闲 读 梧 桐

◆佚 名

不求巨臂擎天的闻达,但也有荫庇一方的坦荡。

梧桐就在我们住的那幢楼的前面,在花圃和草地的中央,在曲径通幽的那个拐弯处,整日整夜地与我们对视。

它要比别处的其他树大出许多,足有合抱之粗,如一位"伟丈夫",向空中伸展;又像一位矜持的少女,繁茂的叶子如长发,披肩掩面,甚至遮住了整个身躯。我猜想,当初它的身边定然有许多的树苗和它并肩成长,后来,或许因为环境规划的需要,被砍伐了,或许就是它本身的素质好,顽强地坚持下来。它从从容容地走过岁月的风雨,高大起来了。闲来临窗读树已成为我生活中的一部分了。

某日,母亲从北方来信:寒潮来了,注意保暖御寒。入夜,便加了一床被子。果然,夜半有呼风啸雨紧叩窗棂。我从酣梦里惊醒,听到那冷雨滴落空阶如原始的打击乐。于是无眠,想起家信,想起母亲说起的家谱,想起外祖父风雨如晦的际遇。外祖父是地方上知名的教育家,一生两袖清风献给桑梓教育事业,放弃了几次外聘高就的机会。然而,在那史无前例的岁月里,他不愿屈从于非人的折磨,在一个冷雨的冬夜,饮恨自尽。我无缘见到他老人家,只是从小舅家读到一张黑色镜框肃然的面容。我不敢说画师的技艺有多高,只是坚信那双眼睛是传了神的。每次站到它跟前,总有一种情思嬗传于我,冥冥之中,与我的心灵默默碰撞。

浮想联翩,伴以风雨大作,了无睡意,就独自披衣临窗。夜如墨染,顷刻间我也融入这浓稠的夜色中了。惊奇地发现,天边竟有几颗寒星眨巴着瞌睡的眼!先前原是错觉,根本就没有下雨,只有风,粗暴狂虐的北风。这时,最让我"心有戚戚"的便是不远处的那株梧桐了。只能依稀看到它黛青色的轮廓,承受着一份天边的苍凉。阵风过处,是叶叶枝枝互相簇拥颤起的呼号,时而像俄罗斯民谣,时而像若有若无的诗歌。不知怎的,外祖父的遗像又蓦然浮上眼帘,似与这株沉默的梧桐有种无法言喻的契合。不求巨臂擎天的闻达,但也有荫庇一方的坦荡。

次日醒来,红日满窗,竟是大晴。

惦念的是那一树黄叶。推开窗棂,读到的树,竟是一个显山露水的甲骨文字。没有昨天那遮天蔽日的叶子,剩下的是虬枝挺干。我的心像是被谁搁上了一块沉重的冰,无法再幻作一只鸟,向那棵树飞去了。这一夜的风呵,就凋零了满树的生命!而风又奈你其何,坠落的终要坠落,无须挽留,你还有一身傲骨与春天之前的整个冬季抗争!

于是,我读懂了梧桐的寂寞。不是慨叹韶华流逝的漠然,不是哀怨人潮人海中的孤寂,而是一种禅意,一种宁静和虚空的玄奥。服从自然又抗衡自然,洞悉自然又糊涂自然,任风雕雨蚀,四季轮回,日月如晦,花开花落,好一种从容淡泊的大度!不禁又感慨起外祖父的英年早逝,悲哀起他屈从天命的无奈,悲哀起那个年代里的人们。

又是一阵熟悉的树叶婆娑的沙沙声响,亲切地叩击着耳鼓。俯目望去,一个红衣女孩雀跃在那黄叶覆盖的小径,那模样似乎每一片叶子都在为她青春的步履伴奏。此刻,我的窗台上,扑进一阙蓬松的阳光,洒在案前昨夜未曾合上的一卷旧书上。

在一个无眠的夜晚,一个冬日的早晨,一个内心感受极丰富的人,他独倚窗前,闲读梧桐,于是读出了斗转星移,沧海桑田;读出了岁月如晦,梧桐人生。

古人有过一句极深刻的话:师法自然。成熟的麦穗低垂着头,那是在教我们谦虚;温柔的水滴能滴穿岩石,那是在教我们坚韧;蜜蜂在花丛间忙碌,那是在教我们勤劳;含羞草默默的收拢叶片,那是在告诫我们切莫张扬……是的,大自然是最好的老师!

1.作者在写梧桐时为什么又时时不忘写外祖父?

2.作者闲读梧桐,读懂了梧桐的精神、梧桐的寂寞,更读出了一个老人的梧桐般的人生。你曾用心去读过什么吗?都读到了些什么呢?